Dr. phil. A. Droop · Karl May – Eine Analyse seiner Reise-Erzählungen

Karl May
Eine Analyse seiner Reise-Erzählungen

von

Dr. phil. A. Droop

REPRINT

DER ERSTEN BUCHAUSGABE

1993

KARL-MAY-VERLAG · BAMBERG

Dieser Nachdruck entspricht der ersten (einzigen) Buchausgabe von 1909 und enthält ein Nachwort von Rudolf W. Kipp.

Der Reprint erscheint in einer einmaligen numerierten und limitierten Auflage von 1000 Exemplaren.

❊ **0611**

ISBN 3-7802-0281-6

Herausgegeben von Lothar Schmid

Herstellung:
SOV Graphische Betriebe, Bamberg
und Fränkischer Tag, Bamberg

Karl May

Eine Analyse seiner Reise-Erzählungen

von

Dr. phil. A. Droop

Cöln-Weiden 1909
Verlag von Hermann J. Frenken.

Vorwort.

Die vorliegende kritische Betrachtung der wichtigsten Schriften Karl Mays, des vielgelesenen Reiseschriftstellers und des viel umstrittenen Tendenzschriftstellers, erscheint, obwohl aus nicht-katholischer Feder stammend, in einem katholischen Verlage moderner Richtung, der es sich zur Aufgabe gemacht hat, das katholische Geistesleben der Gegenwart zu würdigen. Möchte hiermit ein Beispiel gegeben sein, daß bei aller Freiheit des Glaubens die Verschiedenheit des Glaubens keine Trennung zu bilden, keinen Streit zu erregen braucht. Hier, wo es gilt, die Wahrheit zu finden über einen Mann, der von Protestanten, besonders von der protestantischen Jugend begeistert verehrt wird, und der andererseits, obwohl Katholik, von der katholischen Presse aufs heftigste angefeindet worden ist — Karl May, der voll Schmerz über die Zerrissenheit der Christusgläubigen an den Kernpunkt des Christentums, die Lehre von der Liebe, immer wieder erinnert, an die Liebe, die alles versöhnt und eint.

D. V.

Einleitung.

Wer ist Karl May, und welche Stellung nimmt er in der modernen deutschen Erzählungsliteratur ein? Sehen wir ab von unsern Klassikern, den Werken unserer führenden Autoren, auch von den plötzlich auftauchenden Romanen, die in Massenauflagen auf den Büchermarkt geworfen werden und dank des Tubatons einer maßlosen Reklame reißenden Absatz finden, so ist es eine zweifellose Tatsache, daß wenige Schriften immer wieder in solchen Mengen verlangt werden, wie die Reiseerzählungen Karl Mays. Dennoch wird man, wenn man sich über diesen Schriftsteller zu orientieren wünscht, die meisten Literaturgeschichten vergeblich nach ihm durchsuchen. Einige wenige Urteile gibt H. Wagner in seiner Schrift „Karl May und seine Werke. Eine kritische Studie", Passau 1907, wieder. Sie stehen bis auf die der „Literarischen Silhouetten" auf einer ebenso unhaltbaren Basis und zeugen von so oberflächlicher Kenntnis des Autors wie das folgende, das einzige, das ich selbst ausfindig machen konnte: „May, Karl, Dr. phil., wurde am 25. Februar 1842 in Hohenburg geboren und lebt teils in Dresden-Radebeul, teils auf Reisen, die ihn durch die ganze Welt führen. May schreibt, in Gerstäckers Spuren wandelnd, zahlreiche phantastische Abenteuer-, Reise- und Jagderzählungen, die von der Jugend mit Begierde »verschlungen« werden." (Spemanns Goldenes Buch der Weltliteratur.) Ich sage, dieses Urteil ist unhaltbar, und zwar ist es dies in zwei Punkten: erstens ist May kein Nachtreter von Gerstäcker, zweitens sind seine Erzählungen nicht phantastisch. Der Stoff, oder auch nur der Schauplatz, nämlich der „Wilde Westen", mag sich bei beiden, May und Gerstäcker, zum Teil decken; aber das ist auch alles. Ideengehalt und Tenor, Auffassung und Zweck sind durchaus verschieden. Gerstäcker ist in erster Linie Romancier, May verkündet religiöse und ethische Ideen. Gerstäcker will unterhalten, weiter nichts; May betrachtet das Unterhalten als niederes Mittel für den höheren Zweck des Erziehens. Und nun zum zweiten Punkt. Womit unterhält May? Mit „phantastischen Abenteuer- etc. -Erzählungen". Nun, Abenteuererzählungen sind schlechterdings immer phantastisch; sie würden sonst gar nicht wirken und als langweilig empfunden werden. Wenn wir hier nicht einen Pleonasmus annehmen sollen, so müssen Mays Erzählungen nicht allein spannend im gewöhnlichen Sinn sein, sondern sie müssen dann schon ins Seltsame und Wunderbare hinüberschweifen, das der Realität nicht bekannt ist. Dies ist aber keineswegs der Fall. Das einzige, was der Verfasser der erwähnten Notiz als „phantastisch" mit Recht ansprechen könnte, sind die mystisch-symbolischen Elemente in den Bänden „Am Jenseits" und „Im Reiche des silbernen Löwen", 3 und 4. Davon sollte jedoch gewiß nicht die Rede sein. Phantastische Erzählungen hat ein Jules Verne geschrieben, der die Menschen mit einer gewaltigen Kanone nach dem Monde schießt oder auf einem abgesplitterten Stück des Erdballs im Weltenraum umherirren läßt. Phantastisch sind die Romane eines Rider Haggard, z. B. „She". Beide schildern Reisen; aber weder mit dem naturwissenschaftlichen Zauberstabe des einen noch mit dem „rolling pillar of life" des andern hat May etwas gemein. Mag man auch den historischen Romanen der Hamerling, Dahn, Ebers, Eckstein, Bulwer, Crawford, Kingsley, Wallace und wie sie alle heißen, das Epitheton phantastisch geben, Karl May hält sich auf dem Boden der realen Gegenwart. Oder endlich, soll „phantastisch" nur ein höflicherer Ausdruck für „nicht erlebt, sondern glatt erfunden" sein? Doch davon werden wir noch reden.

Was ist nun sonst über May geschrieben worden? Zunächst Zeitungsartikel. Teils günstig, teils ungünstig; Rezensionen aber sind ephemer und bald vergessen, wenn sie nicht etwa von der Reklame weiter ausgenutzt werden. Gegen dauernde Anfeindung, besonders von seiten katholischer Blätter, haben dann May nahestehende Kreise Verteidigungsschriften veröffentlicht. Doch weder gehässige Presseangriffe noch blindverehrende, propagandistische Apologien können uns ein klares Bild von May und seinen Reiseerzählungen bieten. Da aber die oben zitierte Aeußerung, wenn auch ironisch, so doch mit Recht behauptet, daß die Reiseerzählungen von der Jugend mit Begierde „verschlungen" werden, ist es unsere Pflicht, zu wissen, wes Geistes Kind die Schriften sind, die wir in ihnen der heranwachsenden Jugend in die Hand geben. Die vorliegende Schrift bemüht sich, vorurteilslos und sachlich, Wert und Unwert der Reiseerzählungen kritisch herauszuschälen und zugleich darzulegen, daß diese Schriften für das Volk bestimmt sind, und zwar für alle seine Schichten wie Altersstufen. Es ist mein Bestreben, eine objektivere Würdigung Mays anzubahnen; ein abschließendes Urteil zu fällen, wäre eine Verwegenheit, da das Lebenswerk dieses Mannes noch nicht abgeschlossen vor uns liegt.

Es erschienen bisher folgende 30 Bände:

1. Durch die Wüste;
2. Durch's wilde Kurdistan;
3. Von Bagdad nach Stambul;
4. Durch das Land der Skipetaren;
5. In den Schluchten des Balkan;
6. Der Schut;
7. Winnetou I;
8. Winnetou II;

9. Winnetou III;
10. Orangen und Datteln;
11. Am Stillen Ocean;
12. Am Rio de la Plata;
13. In den Cordilleren;
14. Old Surehand I;
15. Old Surehand II;
16. Im Lande des Mahdi I;
17. Im Lande des Mahdi II;
18. Im Lande des Mahdi III;
19. Old Surehand III;
20. Satan und Ischariot I;
21. Satan und Ischariot II;
22. Satan und Ischariot III;
23. Auf fremden Pfaden;
24. Weihnacht;
25. Am Jenseits;
26. Im Reiche des silbernen Löwen I;
27. Im Reiche des silbernen Löwen II;
28. Im Reiche des silbernen Löwen III;
29. Im Reiche des silbernen Löwen IV;
30. Und Friede auf Erden.

Da wir uns nur mit den Reiseerzählungen beschäftigen wollen, finden die Jugendschriften („Der Sohn des Bärenjägers" u. a.), die Gedichte („Himmelsgedanken"), die Humoresken („Der alte Dessauer") und sonstigen Schriften Mays keine Berücksichtigung.

Das Milieu.

Worin liegt die Anschauung gegründet, daß Mays Werke „Jugendschriften" seien? Zweifellos vor allem in der Wahl seiner Stoffe und des Milieus. Durchforschen wir die moderne Romanliteratur, so treffen wir fast nur auf solche Themen, die, dem Kulturleben entnommen, unter Kulturmenschen spielende Handlungen darstellen. Die religiösen und sozialen, die politischen und technischen, die medizinischen und philosophischen Probleme, die unser fast übermäßig angespanntes Geistesleben durchwühlen, die nach Lösung schreien, um uns die Erlösung von den tausend Nöten des Drinnen und Draußen zu bringen, — sie sind zu übermächtig, als daß wir uns für Dinge und Menschen, zu denen wir keine nähere Beziehung haben, im mindesten erwärmen mögen und können. Und wenn Rosegger und Frenssen uns das Leben der Aelpler, der Bauern, der Leute an der Waterkant schildern, und sie dank ihrer genialen Kunst gelesen und geschätzt werden, so geschieht es nicht zum wenigsten deshalb, weil uns die einfachen Männer und Mädchen des Feldes, die Sennen und die Seeleute, die an der Brust der Natur leben, des Kontrastes wegen interessieren, den sie dem Städter, dem Gebildeten gegenüber darstellen, der die Natur gewöhnlich nur aus der Kunstausstellung und der Sommerfrische kennt. Dies gilt nicht für jeden, aber für viele. Zu allen Zeiten kultureller Hochfluten hat man an Schriften Gefallen gefunden, die das Leben von Naturmenschen behandelten. Für die überfeinerten Römer schrieb Tacitus die sittliche Apotheose des rauhen Germanentums. Chateaubriands Atala und René, später Coopers Lederstrumpf waren zu ihrer Zeit berühmte Werke; heute wird Chateaubriand nicht viel mehr als ein literarisches Interesse entgegengebracht, und der letzte der Mohikaner flößt nur noch dem Quartaner Interesse ein. Zwar liest man auch heute noch vielleicht einmal ein Buch wie Armands „An der Indianergrenze"; aber die Rothaut ist nicht mehr „hoffähig", geschweige denn wie zur Zeit Rousseaus ein Ideal; die amerikanische Rasse ist für uns tot, ehe sie ihren tragischen Verzweiflungskampf in Wirklichkeit beendet hat. Und wer ist daran schuld, daß uns die Schilderung des Indianerlebens nicht einmal mehr aus kulturhistorischen Gründen fesselt, während die mehr oder minder seichten Romane aus Berlin W die belletristischen Spalten mancher Zeitungen und Zeitschriften mit der monotonen Ausdauer eines nie versiegenden Baches füllen? Es ist die Mache! Die Mache, die sich der Tragik des wilden Westens bemächtigt hat, um sie zu einem blutigen, wüsten, erfundenen Lesestoff für die

Jugend auszubeuten. Ja, ich möchte behaupten, eine Erzählung, die etwa unter den Apatschen spielte, würde heute, sofern der Autor sich noch keinen Namen erworben hat, keine Beachtung finden, und wäre sie mit der Kraft eines unserer bedeutendsten Romanciers geschrieben. Eine „Indianergeschichte!" Man würde sich schämen, so etwas in die Hand zu nehmen! Wir sehen also, daß die Nichtachtung, welche May in den gebildeten Kreisen findet, auch in literarischen Modelaunen, nicht nur in irgend einer schriftstellerischen Schwäche seinerseits ihren Grund hat; denn was oben von den Indianern gesagt wurde, gilt auch von Beduinen, Kurden und anderen unserer Kultur fernstehenden Völkerschaften. Nur epochemachende Forschungsreisen fesseln das Interesse. Und auch hier lassen sich Modeströmungen verfolgen; früher durchquerte man mit Emin, Stanley, Wißmann den schwarzen Erdteil, letzthin den gelben mit Landor, mit Sven Hedin und anderen. Die Nordpolexpeditionen kommen hier wegen ihres geringen ethnologischen Wertes nicht in Frage.

Wohin führt uns nun Karl May? An das Lagerfeuer der Indianer, in die Schluchten des Balkan, in die Urwälder des Sudan. Wir ziehen mit ihm durch die Steppen Mesopotamiens und nehmen an dem frugalen Mahle im Zelt des Beduinen teil. Wir begehen die für den Muhammedaner vorgeschriebenen heiligen Handlungen in Mekka und vergleichen mit ihnen das Religionsfest der Dschesidi. Wir werden in das uns so fremdartige Kulturleben der Chinesen eingeführt und lernen die Wunder der Tropen kennen. Wir folgen den Spuren der Sklavenhändler im Sudan, und wieder durchstreifen wir die Prärien Nordamerikas. Eine vielfarbige Welt! Der Verfasser schildert uns den Glaubenshaß des Persers, die Blutrache des Kurden, die biedere Rechtlichkeit des Buren und den Edelsinn des Gaucho. Und immer erfahren wir: Das Milieu ist ihm Nebensache. Soviel fremde Lande wir auch an seiner Hand für uns entdecken mögen, soviel wir auch von der Kultur oder Unkultur, dem Leben und Treiben fremder Völker kennen lernen mögen — es ist ihm nur Staffage, nur Beiwerk zu seinem großen Zweck. Und dieser Zweck? Er möge schon hier mit Mays eigenen Worten betont werden: „Wer in der Wüste schmachtet, der lernt den Wert des Tropfens erkennen, der dem Dürstenden das Leben rettet. Und auf wem das Gewicht des Leides und der Sorge lastete, ohne daß eine Hand sich helfend ihm entgegenstreckte, der weiß, wie köstlich die Liebe ist, nach der er sich vergebens sehnte. Und doch ist mein ganzes Herz erfüllt von dem, was ich nicht fand, von jener Liebe, die den Sohn des Vaters auf die Erde trieb, um ihr die frohe Botschaft zu verkünden, daß alle Menschen Brüder sind und Kinder eines Vaters. Und wie der Heiland aus den Höhen, wohin kein Sterblicher dringen kann, auf die kleine Erde herniederstieg, so gehen nun seine Boten hinaus in alle Welt, um das Evangelium zu verkündigen allen denen, die noch in

Finsternis wandeln . . . . ich muß wuchern mit dem Pfunde, das Gott mir verliehen hat. Darum läßt es mich in der Heimat nimmer ruhen; ich muß immer wieder hinaus, um zu lehren und zu predigen, nicht durch das Wort, sondern dadurch, daß ich jedem Bruder, bei dem ich einkehre, nützlich bin . . . ich bin eingekehrt bei weiß, gelb, braun und schwarz gefärbten Menschen; ich war der Gast von Christen, Juden, Moslemin und Heiden; bei ihnen allen habe ich Liebe und Barmherzigkeit gesäet. Ich ging wieder fort und war reich belohnt, wenn es hinter mir erklang: »Dieser Fremdling kannte keine Furcht; er konnte und wußte mehr als wir und war doch unser Bruder; er ehrte unsern Gott und liebte uns; wir werden ihn nie vergessen, denn er war ein guter Mensch, ein wackerer Gefährte; er war — — ein Christ!« Auf diese Weise verkündige ich meinen Glauben. Und sollte ich auch nur einen einzigen Menschen finden, der diesen Glauben achten und vielleicht gar dann lieben lernt, so ist mein Tagewerk nicht umsonst getan, und ich will irgendwo auf dieser Erde mich von meiner Wanderung gern zur Ruhe legen" (2. 633). Hiermit kennzeichnet May die eine Seite seines Wirkens — die Arbeit in der Ferne; die viel wichtigere andere Seite aber ist die, daß seine Reiseerzählungen „in dieser Form Predigten der Gottes- und der Nächstenliebe sein sollen". Darüber im zweiten Teile dieser Schrift mehr. Hier genügt es festzustellen, daß wir den eigentlichen Kernpunkt in psychischen, in religiösen und sittlichen Elementen zu suchen haben. Diese Tendenz aber, mag sie an sich noch so hoch stehen, kann nur dann wirken, wenn sie mit dem verhüllenden Gewand in Harmonie, auf äquivalenter Basis steht. Und so müssen wir fragen, welche künstlerischen Prinzipien in den Reiseerzählungen hervortreten, und ob sie einer kritischen Betrachtung Genüge leisten.

Komposition, Spannung, Stil.

Wenn eben gesagt wurde, daß May nach künstlerischen Prinzipien den Stoff ordne, so dürfen wir freilich nicht an den gewandten Aufbau denken, in dem etwa Paul Heyse die Entwicklung von Handlung und Charakteren vorführt. Komposition in diesem Sinne findet sich freilich bei May nicht, und wollten wir sie verlangen, so könnte er nicht mit Unrecht erwidern, daß er Erlebnisse schreiben wolle, und daß das Leben, wie er sagt, sich auch „vom scharfsinnigsten Kritikus nicht den Gang der Ereignisse vorschreiben" lassen würde. Hätte May nun das Bestreben, schlicht und einfach den „Gang der Ereignisse" darzustellen, so ließe sich wohl der Stil, nicht aber die Komposition besprechen. Da er jedoch die Erlebnisse seiner erzieherischen Tendenz zuliebe modifiziert, wie wir sehen werden, so überschreitet er den Rahmen einfacher Sachlichkeit, er durchdringt das Real-Gegebene mit seinem Geiste, er führt die Natur zur Kunst. Wir dürfen daher, den Stoff bei Seite lassend, die Frage aufwerfen, welche künstlerischen Mittel und Formen May anwendet, um den Stoff zu bearbeiten und neu zu gestalten. May behauptet zwar: „. . . alle meine bisherigen Reiseerzählungen sind nur Vorstudien, Uebungen und Skizzen, bei denen ich lang oder kurz, breit oder schmal sein kann, ganz, wie es mir beliebt" (30. 579); aber wenn wir auch der Verwunderung nicht weiter Ausdruck geben wollen, daß ein jetzt Mitte der Sechziger stehender Mann alle seine bisherigen Werke als „Vorstudien" bezeichnet, denen das eigentlich Wertvolle erst noch folgen soll, so können wir die souveräne Behauptung: „Ich kann schreiben, wie es mir paßt!" — nicht so ganz billigen. Soll dies eine Abwehr gegen übelwollende Kritiker sein, dann gut; aber ein Leser darf wohl an dem Buche, das der Schriftsteller ihm vorlegt, Kritik üben. May schreibt ja wohl nicht zu seinem Privatvergnügen; sondern damit man seine Bücher liest, und über sie nachdenkt.

Die äußere Anordnung des gesamten Stoffes besteht in einer Zerlegung in bislang 30 Bände zu je etwa 600 Seiten. Diese Bände enthalten teils eine fortlaufende Erzählung (z. B. 1—6), teils eine in sich abgeschlossene Handlung (z. B. 24), teils Episoden (z. B. 23). Die einzelnen Bände sind in Kapitel eingeteilt, deren jedes eine Ueberschrift trägt. Es war nun besonders in früheren Zeiten Mode, der Kapitelnummer eine kurze Inhaltsangabe beizufügen, die in einem oder auch in vielen Worten bestehen kann, und die den Leser über den Fortschritt der Ereignisse zwar in bezug auf das Was? aufklärt, aber seine Spannung in bezug auf das

Wie? steigert, ein Verfahren, das in wissenschaftlichen Werken zum Zwecke einer übersichtlichen Gruppierung der Gedankenmassen seine guten Gründe hat, in erzählenden Schriften dagegen einen zweifelhaften künstlerischen Wert besitzt. Bei May nun können wir mit der Ueberschrift vielfach gar nichts anfangen, sowohl in den Bänden, in denen von einander unabhängige Geschehnisse dargestellt werden, wie auch dort, wo eine fortlaufende Handlung in Kapitel gegliedert ist. Besonders liebt er es, fremdsprachliche Ausdrücke, die uns unverständlich sind, anzuwenden. Für jeden der beiden Fälle ein Beispiel:

Band 23 „Auf fremden Pfaden" hat folgende neun Kapitel:

1. Saiwa tjalem,
2. Der Boer van het Roer,
3. Er Raml el Helahk,
4. Blutrache,
5. Der Kutb,
6. Der Kys = Kaptschiji,
7. Maria oder Fatima,
8. Gott läßt sich nicht spotten,
9. Ein Blizzard.

Noch rätselhafter ist Band 25 „Am Jenseits". Das 594 Seiten zählende Buch wird in 4 Kapitel eingeteilt, deren Ueberschriften so lauten:

Erstes Kapitel. Eine Kijahma . . . 1
Zweites Kapitel. El Kanz el A'da . . 123

Drittes Kapitel. El Mizan 265
Viertes Kapitel. El Aschdar 389

Ich frage: wozu ist eine Inhaltsübersicht gegeben, wenn nicht dazu, daß man vor der Lektüre sich über den Inhalt des Buches orientieren kann und nach der Lektüre, wenn man etwa eine Episode, eine Person, eine Ortsbeschreibung ꝛc. sucht, an jener Uebersicht einen Führer hat? Was nützen da die arabischen Worte? Was nützt es überhaupt, eine Inhaltsangabe zu bieten, welche die so ausgedehnte Handlung — 594 Seiten — in ganze vier Kapitel preßt?

In solche Kapitel eingeteilt, geht die Handlung ihren Gang, teils einen ruhigen, gleichmäßigen Verlauf nehmend, wie in „Im Lande des Mahdi", teils in Episoden zerrissen, wie in „Winnetou", teils in dramatischer Weise einem klärenden, alle Rätsel lösenden Schlusse zustrebend, wie in „Old Surehand". Einem Flußsystem gleich, das die Bäche zu Flüssen verstärkt, die Flüsse zum Strome vereinigt und im Meer das Ende findet, tauchen an diesem und jenem Ort Personen auf, deren Zusammengehörigkeit oder feindliche Beziehung zueinander man deutlicher und deutlicher erkennt, bis alle Fragen beantwortet sind und alle Personen und ihre gegenseitigen Verhältnisse sich zu einem klaren Bilde vereinen. Oft wird die Handlung durch Szenen von atemraubender Spannung belebt, oft aber auch durch Dialoge von der Schnelligkeit des Schneckenganges langweilig gemacht, durch Dialoge, welche ohne sichtbaren

Grund auf einer Seite des Bandes sagen, was in zwei Sätzen ausgesprochen werden könnte. War es die Absicht des Verfassers, den stillen Fluß der Erzählung durch Rede und Gegenrede in dramatische Bewegung zu bringen? Dies mag dort von Wert sein, wo die so geschaffenen Dialogszenen Gedanken lebendig entwickeln oder Charaktere veranschaulichen und begrenzen sollen. Im ersteren Fall werden bei May, seiner Tendenz entsprechend, gewöhnlich religiöse oder ethische Ideen ausgeführt, bei denen A die Stellung eines Erzählenden oder Dozierenden einnimmt und B sich auf Einwürfe beschränkt, um entweder mit seiner Meinung gar nicht klar herauszurücken oder erst dann, wenn der andere fertig ist. Ein gleichmäßig ausgebauter Dialog, in dem zwei Personen ihre voneinander verschiedenen Anschauungen scharf und energisch vertreten, in dem Behauptung und Widerspruch, Beweis und Gegenbeweis Schlag auf Schlag einander folgen, findet sich selten bei dieser Art des religiös-ethischen Gespräches; nicht viel häufiger im anderen Fall, der, durch die Handlung bedingt, zwei (oder mehrere) Personen veranlaßt, ihre Ansichten von der Sachlage und dem, was zu tun ist, auszusprechen. In dieser Hinsicht ist besonders das Spurenlesen von Interesse, das eine scharfe Beobachtungsgabe und eine ebenso scharfe praktische Logik zeigt. Nur muß man May den Vorwurf machen, daß er oft allzusehr in epische Breite gerät und lange Abhandlungen an Stellen setzt, wo wir lieber Taten sähen. Von einem berechtigten retardierenden Moment kann da nicht die Rede sein. Es heißt z. B. 26. 35, es „war Eile geboten; denn wenn der, welchem das Pferd gestohlen worden war, sich in Gefahr befand, so konnte jedes Zögern ihm leicht verhängnisvoll werden". Nachdem aber May mit seinen Gefährten einige Stunden weitergeritten ist, hält er den beiden Snuffles eine ellenlange Vorlesung über Spurenlesen (p. 37/43) und stellt dann ein noch längeres Verhör mit Perkins an Ort und Stelle an (p. 43/50), bis ihm schließlich einfällt: „Wir haben hier schon zuviel Zeit versäumt" (p. 52). Aber die Einsicht dauert nicht lange; dann geht der Unterricht im Spurenlesen wieder los. Man höre:

„Ich will doch wissen, ob Perkins die Wahrheit gesagt hat."

„Könnt ihr das denn am Hufe seines Pferdes ablesen?"

„Ja."

„Alle Wetter! Das brächte der Sohn meines Vaters nicht fertig. Wie fangt ihr es nur an?"

„Sehr einfach. Es sind wirklich sechs Weiße hier geritten, und einer von ihnen ist zurückgekehrt."

„Sagt euch das die Fährte?"

„Ja!"

„Das ist gefährlich, Sir!"

„Warum?" usw.

Ein solches Gerede belebt nicht die Handlung, erhöht nicht die Spannung, sondern ermüdet und könnte sogar den Verdacht erwecken, als ob es May auf Seitenfüllung ankomme, und als ob er den Mangel an Ereignissen durch die Menge der Worte ausgleichen wolle. Wo aber das Ereignis einsetzt, die Worte schwinden, die Tat alle Kräfte spannt — da finden sich Szenen von hinreißender Macht. Als eine solche betrachte ich die Verfolgung des Krumirs Saadis el Chabir, der Mochallah, die Verlobte von Mays Diener Achmed, entführt hatte.

„. . . Einige Sekunden später schoß er auf die unter den Hufen seines Pferdes hell erklingende Salzdecke hinaus, ich hinter ihm her. Ich dachte nicht an die Gefahren dieses Wagnisses, ich dachte nur an den, der pfeilschnell vor mir über die spiegelnde Fläche schoß — der Ruh es Sebcha (Geist des Salzsees) hatte mir gewinkt. Mir allein? Ich hörte hinter mir Hufschlag und blickte mich um. Herrgott, auch Achmed war auf dem Salze! Seine Stute schoß hinter mir her! Der kurze Aufenthalt mit dem gestürzten Falben hatte es ihm ermöglicht, uns einzuholen! „Kehre um!" rief, — nein, schrie, — nein, brüllte ich. „Allah akbar — — Sihdi, ich verlasse dich nicht!" hörte ich ihn antworten. Ich konnte mich nicht weiter um ihn bekümmern; ich hatte genug für mich zu tun. Bis jetzt war die Salzdecke fest und von gleicher Stärke gewesen, nun aber sah ich eine Reihe von Gmaïrs (als Wegweiser dienende

Steinhaufen) auftauchen, ein untrügliches Zeichen, daß die Gefahr beginne. Die bisher ebene Decke begann, sich wellenförmig zu heben und zu senken; die Höhen leuchteten metallisch, und in den Tiefen lag der tückische Flugsand — und über diese Höhen und über diese Tiefen sausten wir dahin. Der Boden erdröhnte, erzitterte, wankte, kreischte, knirschte und prasselte unter uns. Es gab nicht mehr jenen vollen Ton, der so beruhigend klingt, sondern es war ein eigentümlich wimmernder, pfeifender Klang, bei dem einem die Zähne „eilig" werden konnten. Und darauf wurde es noch schlimmer. Die Wellentäler bekamen ein schwammiges Aussehen, fast wie geschmolzener Schnee; sie standen oft unter Wasser, welches über unsere Köpfe emporspritzte; ganze große Flächen wankten, schaukelten und kochten unter den dahinrasenden Hufen unserer Pferde; der Tod flog mit uns, vor, neben, unter uns. Ich verwandte kein Auge von Saadis el Chabir, den wir fangen wollten, und der doch unser Führer, unser einziger Chabir war, der uns retten konnte. Wo er sein Pferd emporgerissen hatte, tat ich ganz dasselbe; ich ahmte eine jede seiner Bewegungen nach und ließ meinen Rappen genau da auftreten, wo seine Stute aufgetreten war. Und so auch tat Achmed hinter mir. Es war der erschrecklichste Ritt meines Lebens. Ich befand mich mehr im Traume wie im Wachen; meine Pulse klopften, und meine Schläfen brannten; es war, als hätte mich das Fieber gepackt, als hetze ich mit dem wilden Jäger über haltlose, ineinander kumulierende Wolkenballen dahin. Und längst waren ringsum die Ufer verschwunden; wir befanden uns inmitten eines grenzenlosen Verderbens, und jeder Schritt brachte mir die Ueberzeugung, daß wir unbedingt versinken würden, wenn die rapide Schnelligkeit unserer Pferde nur im geringsten nachließe. Die Salzdecke war stellenweise so dünn, so widerstandslos, daß sie den darüberfliehenden Huf nur einen Augenblick, nicht aber zwei Augenblicke zu tragen vermochte. Ich hatte keine Zeit, nach der Uhr zu sehen; wir mochten wohl zwanzig Minuten lang dahingeflogen sein; sie waren mir aber wie zwanzig Ewigkeiten.

„Da sah ich, daß die Milchstute müde wurde. Sie hatte eine doppelte Last zu tragen. Auch der Krumir fühlte es. Er beschloß, sie zu erleichtern, aber auf eine Art, die mir die Haare in die Höhe trieb. Seine Gestalt hatte mir bisher Mochallah verdeckt; jetzt sah ich, daß er, während er mit der Linken das Pferd lenkte, mit der Rechten die Fesseln löste, welche das Mädchen auf dem Tiere hielten. Dann hörte ich einen Schrei voll Todesangst. Er hatte Mochallah aus dem Sattel gerissen und wollte sie vom Pferde schleudern; sie aber klammerte sich mit der Kraft der Verzweiflung an ihn; sie hing mit ihren Armen an seinem rechten Oberschenkel und wurde mit fortgeschleift. Da erhob er die Faust und schlug sie dem Mädchen auf den Kopf. Ihre Hände lösten sich von ihm; sie stürzte herab, nicht auf, sondern neben den schmalen Pfad; ihre Füße fanden keinen Halt, das flüssige Salz gab nach, sie sank — nein, denn in diesem Momente schoß mein Pferd an ihr vorüber, ich bog mich tief herab und — erfaßte sie mit der Rechten am Oberarm . . ." (10. 418 ff.).

So geht dieser aufregende Ritt weiter — man möge ihn nachlesen. Eine ähnliche, ebenso spannende Szene bildet die Flucht aus dem brennenden New Venango (8. 418/21) und die Verfolgung des Schut, die mit dem wagehalsigen Sprung über die „Verräterspalte" endet (6. 494/501). Ueberfälle und Kämpfe sind verhältnismäßig selten. Sehr anschaulich geschildert ist die endgiltige Abrechnung mit den Aladschy und ihren Verbündeten (6. 352/61), sowie der verzweifelte Streit mit den Ponkas (8. 528/85). Häufiger werden aufregende Jagden dargestellt, denen auch wohl ein pikanter Beigeschmack nicht fehlt — ich denke an die Errettung Dschumeilahs aus den Pranken des Panthers (10. 330/3). Ans Unheimliche streift das Erlebnis mit Abrahim Mamur in der Höhle von Baalbek (3. 421/33), und ins Dramatische gesteigert erscheint die Handlung (12. 456/506), wo May sich und seine Gefährten aus dem Hauptquartier des Revolutionärs Lopez Jordan durch eine auf geschickter Kombination beruhende Kriegslist rettet. Manche andere spannende Episode wäre hier noch zu erwähnen, so die furchtbaren Minuten, in denen May bei der Entführung Senitzas mit dem Erstickungstode ringt (1. 140/1), die Rettung des Sendadors von der Felswand, zu dem sich May am

Lariat herablassen muß (13. 544/56), sowie die des Tuaregknaben vom Sandsee (23. 253/6) usw.

Der Stil, der an solchen Stellen, der Situation entsprechend, packend und wirksam ist, kann jedoch nicht durchweg als genügend ausgefeilt betrachtet werden. Es scheint oft, als habe May mit Hochdruck gearbeitet und sich nicht die Zeit genommen, das Geschriebene noch einmal gründlich durchzulesen. Auf diese Weise kommen nicht allein Stilschwächen, sondern auch falsche Ausdrücke, Sprachfehler, mißglückte Bilder, Widersprüche und andere Versehen vor. Zum Teil mag ja der Druckfehlerteufel seine Hand im Spiel gehabt haben; aber auch das ist nur eine mäßige und nicht immer gängige Entschuldigung. Einige Beispiele:

„Er . . . fragte mich, ob ich ihn g e r n e r begleiten oder lieber hier bleiben wolle" (2. 101/2).

Die unrichtige Anwendung des berühmten „derselbe" findet sich auch bei May: „Am Morgen hörte ich, daß die Schokolade wieder im Garten eingenommen werden solle. Ich ging also in d e n s e l b e n" (12, 194). Das Gleiche findet sich an vielen anderen Stellen.

Als May den von einem Bären überraschten Westleuten zu Hilfe eilt (7. 99), heißt es: „Ich kam mit jedem Sprunge, den ich tat, näher." Sehr richtig!

„. . . und so hielt der Scout es für geraten, d i r e k t e m e n t nach dem Rio Nueces zu reiten" (8. 178).

„Das Gras stand weder hoch noch dicht, i n f o l g e d e s s e n diejenigen, welche zu Fuße gehen mußten, nicht schnell ermüdeten“ (8. 55). Fälschlich Nebensatz- statt Hauptsatzstellung.

„Herr, soeben kommen die Kundschafter zurück; ihr Gang ist nicht vergeblich gewesen. Sie haben die Mbokovis gesehen“. „Wo?“ „Als sie sechs Stunden gelaufen waren, haben sie die heranziehenden Feinde bemerkt. Sie versteckten sich hinter einige Büsche, um sie zu beobachten. Sie waren zu Fuß, hatten aber einige Reiter bei sich.“ „Das sind die Pferde, die sie von uns erbeutet haben. Hoffentlich bekommen wir sie wieder.“ (13. 360). Die unlogische Beziehung zwischen den „Reitern“ und den „Pferden“ erleichtert es dem Leser nicht, sich unter diesen sieben „sie“, unter denen teils Kundschafter, teils Feinde, teils Pferde zu verstehen sind, zurechtzufinden.

Band 9. 52 wird „Pläsier“, für das man ebenso gut oder besser „Vergnügen“ sagen kann, als Femininum, 21. 277 „Syntax“ dagegen als Maskulinum gebraucht. Seltsames Englisch findet sich 9. 418: „Winnetou is your friend; it loves the whites, if they are good.“ Das „it“ müßte doch wohl „he“ heißen! Eine Stilblüte von ungewollter Komik ist: „Er kam in seiner Rede nicht weiter, denn ich richtete mich oben auf der Stufe empor, sprang herab und fiel ihm in das Wort“ (16. 526). „Ich glaube auch nicht, daß mich wer gesehen hat“ (jemand) (29. 232). Oft finden sich unschöne Häufungen von Konjunktionen, wie „und aber auch“, „und aber doch", „und aber dennoch" (19. 234; 28. 345; 28. 635). Doch genug.

Einen der auffallendsten Widersprüche stellt die Verschiedenheit der Angaben über den Tod Winnetous dar. 7. 5 heißt es in der Vorrede: „Er, der beste, treueste und opferwilligste aller meiner Freunde ... ist ausgelöscht aus dem Leben durch die mörderische Kugel eines Weißen." Aus der Erzählung von Winnetous Tod geht aber klar hervor, daß er von der Kugel eines Indianers gefallen ist. Ganz unzweideutig steht es im gleichen Bande p. 490: „Wie? Winnetou ist tot?" „Ja. Er ist von den Sioux erschossen worden." Desgl. 26. pp. 1 und 15.

Als May sich zu der gefährlichen Fahrt mit der Postkutsche rüstet, um den Mogollons den Zugang zum Cañon zu versperren, übergibt er seinem zurückbleibenden Freunde Emery die Tasche mit den Banknoten (22. 542), die er nach Beendigung des Wagnisses plötzlich hervorzieht, um sie dem rechtmäßigen Eigentümer zuzustellen (22. 576).

Ein anderes Versehen passiert ihm 3. 163, wo er Lord David Lindsay, der kein Wort Kurdisch kann, auf die Frage des Gibrail Mamrasch: „Habt ihr eure eigenen Pfeifen bei euch?" mit den anderen vier im Chore antworten läßt: „Ja!"

Als May das Versteck des Köhlers Scharka auffindet, versehen sich Lord Lindsay, Halef und die anderen Gefährten Mays mit Czakans (6. 277). Trotzdem erklärt

Halef (p. 365): „Ich habe noch keinen Czakan" und steckt sich einen solchen in den Gürtel. Das Gleiche tut Lord Lindsay.

In einer Reminiszenz an den Bulgarenkhan Symeon heißt es: „Seine Herrschaft erstreckte sich nach Westen bis ungefähr zu dem heutigen Persien, also der Gegend, in welcher wir uns jetzt befanden" (6. 310) — er befindet sich aber in der europäischen Türkei. Vielleicht ist es ein Druckfehler für Perserin (vergl. p. 383).

Seltsam ist es, wenn „Rih", das Pferd, welches May im Orient geritten hat, plötzlich in einer amerikanischen Farm auftaucht (8. 566).

Der Saal der Yin mit den Gemälden des Paradieses und Gerichtes hat ein Trapez zum Grundriß: „Hierdurch wurde schon an sich eine ganz natürliche Perspektive gegeben, also etwas, was wir Europäer den mongolischen Künstlern einfach abzusprechen pflegen" (30. 580). May vergißt, daß er von demselben Irrtum befangen war (11. 257).

Die Vorliebe für den Dialog verleitet May zu merkwürdigen Dingen, die man sonst nur auf der Bühne erlebt, wo Neger und Chinesen das prächtigste Deutsch reden. Den braven Staffelsteiner Korndörfer läßt er mit dem Algerier Hassan nicht nur Deutsch, sondern sogar Dialekt sprechen, den der Araber ausgezeichnet versteht, obwohl er nicht einmal die Namen Korndörfer und Kaltenbrunn merken kann (10. 50; 86; 130/1 etc.).

Allzu wenig realistisch ist es, wenn er andere, die ihm etwas erzählen, Gespräche wiedergeben läßt (z. B. 13. 31/8; 21. 220 ff.) Das ist eine unglückliche Anwendung der dramatischen Botenszene auf den Roman. Dieselbe Sucht, alles möglichst im Gespräch auszuführen, verleitet zu allerhand Mißgriffen. So läßt er den blinden Münedschi von el Ghani sagen: „Er lächelt nur immer, wenn . . . " (25. 173).

Karl May als Indianerkenner dürfte eigentlich nicht behaupten, daß Indianerhäuptlinge ernannt werden (21. 189).

Als Beispiel für ein mißglücktes Bild sei erwähnt: „Der Aerger, der sich nur im Traume äußert, aber des Tages jedenfalls wie ein Tiger an ihm frißt und säuft, ist ihm sehr gern zu gönnen." Wir sagen wohl, daß der Aerger an jemanden „nagt". Wenn der Aerger sehr groß ist, mag er vielleicht auch „fressen" — aber ein Aerger, der „säuft", kommt mir nicht recht geheuer vor.

Alle diese Dinge wären bei einer gründlichen Revision jedenfalls vom Verfasser bemerkt und ausgemerzt worden. — Auf solche hastige Arbeit ist es auch zurückzuführen, daß der Band „Am Jenseits" ein Torso geblieben ist. Freilich ist das vielleicht kein Vorwurf für May. Man sieht es bei vielen und nicht den schlechtesten Schriftstellern, daß der Quell der Gedanken oft zu reichlich strömt, als daß die dämmende, ordnende Hand alle Fluten schnell genug in ein geregeltes Bett zu leiten und sie zu verwerten vermöchte. Wenn aber die Zeit der Stille kommt, soll liebevoller Fleiß die Fülle des Segens von Sand und Geröll säubern und zu reiner Klarheit führen. Dies letztere vermisse ich bei May.

Aus den mancherlei Beispielen, die ich in dieser Schrift anführe, kann auch der, dem Mays Werke unbekannt sind, sich schon eine gewisse Vorstellung von seiner Sprache machen. Es ist nicht die tiefe, machtvolle Glut Conrad Ferdinand Meyers, nicht die farbenreiche Bilderpracht Robert Hamerlings, nicht die gewandte Formvollendung Paul Heyses, nicht die technisch aufs feinste ausgemeißelte, in glatten Perioden dahinströmende Sprache unserer modernen Salonautoren — es ist eine einfache, schlichte, zwar oft trockene, aber kraftvolle, frische Darstellungsweise, gleich dem heiteren Plätschern des Bergbaches und dem munteren Sang des Bergvogels. Um so mehr ist es zu bedauern, daß May sich in den letzten Bänden (28—30), die sich vom Leben der Tat abwenden, um sich einer oft seltsam anmutenden Reflexion zuzukehren, die kernige Darstellung aufgegeben hat und einen pseudolyrischen, weichlichen Stil an manchen Stellen zeigt, der sogar bei besonders pathetischen Gelegenheiten in Versen und Reimen spricht. Ich frage den Leser, ob das erst der wahre Geschmack, oder ob es süßliche Künstelei ist, wenn der Aschyk, den May zwecks Bekehrung in einer Höhle und in Gesellschaft eines Skelettes gelassen hat, dem Zurückkehrenden einen Bericht über die in der Finsternis verbrachten Stunden und das innerlich Erlebte abstattet und schließt: „Und als ich sprach: «Vergieb mir meine Sünden!» da hörte ich erst eure Ruderschläge, und dann sah ich auch eures Lichtes Schein! Was ihr mir bringt, das habe ich zu nehmen. Doch bitte ich, seid nicht auch ihr von Stein!" (28. 427). Ueber jene versifizierten Prosastellen und die eigentlichen Verse s. u. Poetische Elemente. Hier will ich nur in bezug auf den Stil bemerken, daß es wünschenswert gewesen wäre, daß May beim Reimen sich nicht so sehr als Sachse gefühlt hätte. Die schönste Lyrik verliert ihre Wirkung, wenn man auf Reime stößt, wie „Freude" — „heute" (24. 10); „Verscheiden" — „leiten" (ibid. 51); „steigen" — „weichen" (28. 558); „Wunder" — „unter" (29. 175); „fließen" — „Paradiesen" (30. 392); „Zeichen" — „steigen"; „gehorchen" — „borgen" (30. 473). Wir wenden uns nun zum poetischen Gehalt der Reiseerzählungen und wollen nicht allein die eigentlich lyrischen Partien, sondern auch die allgemein künstlerische Auffassung beleuchten.

Poetische Elemente

Das Auftreten lyrischer Formen, zuerst in „Weihnacht", ist etwas überraschend, zumal sie dann bald übermächtig anwachsen, wenn man bedenkt, daß in den Bänden 1 bis 23 sowohl die gedanklichen Elemente ganz in den Hintergrund treten — sehen wir einmal von der Basis des Ganzen, dem Christentum ab — und nur sporadisch sich bemerkbar machen, wie die geschichtsphilosophische Betrachtung des Buren (23. 64/9), und wenn man berücksichtigt, daß eine anschauliche, auf künstlerischem Blick beruhende Darstellung des Milieus fast ganz fehlt. Es ist die Frage, ob es May nicht gegeben war, oder ob es nicht in seiner Absicht lag, dem Leser den Schauplatz seiner Abenteuer in plastischen Bildern vor Augen zu führen. Mehrfach sagt er, er wolle keine Schilderung der Oertlichkeit liefern: „Die felsige Wüste zu beschreiben, ist eine undankbare Aufgabe; darum will ich nur sagen, daß wir, als die Sonne untergegangen war, ungefähr in gleicher Breite mit dem Nildorfe Serah Halt machten und uns lagerten" (16. 432); ferner: „Es liegt nicht in der Absicht dieser Zeilen, malerische Schilderungen unseres Weges zu geben, der uns von jetzt an stets aufwärts (in die Rocky Mountains) führte" (19. 372), und: „Es ist nicht mein Zweck, die Gegenden, durch die wir kamen, zu beschreiben. Topographische Ausführlichkeiten pflegen wohl für den Fachmann interessant, für andere aber langweilig zu sein" (28. 182) — eine seltsame Ansicht.

Ich erinnere mich, daß ich schon als Knabe die unklare Empfindung gehabt habe, daß hier etwas fehle. Die nüchterne Darstellung ließ die richtige Stimmung nicht aufkommen, die ich damals bei der Lektüre des Lederstrumpf und anderer exotischer Erzählungen fühlte. Mays Darstellung ist gleichsam ein Skelett, dem das blühende Fleisch fehlt. Es ist wirklich zu bedauern, daß May nicht in dieser Hinsicht „in den Spuren Gerstäckers wandelt", der so anmutige Bilder vom Mississippi, vom wilden Westen geschaffen hat; denn auch im Roman dürfen die Kulissen nicht fehlen, zumal dann, wenn die Handlung in Gegenden spielt, die unser Fuß nie betreten, die unser Auge nie geschaut hat. Doch täte ich May Unrecht, wenn ich behaupten wollte, daß bei ihm gar keine Schilderung des Milieus zu finden sei. Ich vermisse nur die geistige Verklärung, die die Dinge zu beleben weiß, die den Leser in ferne Gefilde entrückt, so daß er den Ort der Handlung in Wirklichkeit vor sich zu sehen glaubt.

Ich gebe im folgenden eine Zusammenstellung von Bildern, damit der Leser, dem die Reiseerzählungen zugängig sind, an den betreffenden Stellen nachschlagen und selbst sich ein Urteil bilden kann. Es ist nicht gut möglich, alles mit ausführlichen Zitaten zu belegen.

Die Beschreibung von Städten erhebt sich nicht sehr über die Schilderung, wie man sie in Reiseführern findet. So wird beschrieben:

Dschidda 1. 231/2;
Mekka 1. 297/8;
Bagdad 3. 299/303; 26. 490/1;
Babel 3. 313/7;
Damaskus 3. 348/50;
Konstantinopel 3. 462/4;
Adrianopel 3. 551;
San Francisco 9. 285/8;
Marseille 10. 157;
Tunis 10. 185/8;
Point de Galle 11. 385/7;
Montevideo 12. 16/7;
Kairo 16. 1/5; 38/41.

Glücklicher ist May in der Schaffung anderer geographischer Bilder, die er oft einem Kapitel voranstellt, um dem Leser einen allgemeinen Begriff von der Oertlichkeit zu geben; weniger oft finden sie sich in den laufenden Text der Erzählung eingefügt, selten mit der Handlung verwoben. Beispiele:

Berge:

Sierras de los Organos, Rianca, Guadelupe [9. 144/5;
Anden 13. 478/9;
Cañons 8. 356/7; 9. 183/4;

Flüsse:

La Plata 12. 531/8;

Nil 16. 172/5; 17. 517/8;

Meer und See:

Schott (Salzsee) 1. 33/6; 10. 407/11;

„Goldene See" = Mittelmeer 10. 171; (s. u.).

Landstriche und Inseln. Am tristesten ist die Schilderung von Amerika, anmutiger und anschaulicher vom Orient, einschließlich Afrika und Sudan, farbenreich von den Inseln der Tropen, obwohl ich sagen muß, daß ich z. B. von Ceylon schon viel poetischere und gewandtere Schilderungen gelesen habe. Beispiele:

Amerika:

Mapimi 8. 355/7;

Llano estacado 9. 79/81; 14. 148/50;

[Oase im Llano 14. 325/6

Nationalpark 9. 355/6;

Gran Chaco 13. 20/2; 156/8;

Arizona 23. 508;

Afrika und Vorderasien:

Allgemeines 10. 3/4;

Algerische Steppe 10. 32/4;

Wüste 10. 70/5; 136/8; 23. 226;

Oase Safileh 10. 153; (s. u.)

Inseln der Tropen:

Gesellschaftsinseln 11. 30/1; 34/5;

Bonininseln 11. 70/8;

Ceylon 11. 418/22; 425/33;

Nikobaren 11. 433/4.

Den farbigsten poetischen Glanz haben außer den Beschreibungen der tropischen Inseln, wo die Natur ja schon für das Kolorit gesorgt hat, die zwei lieblichen Bilder vom Mittelmeer und der Oase Safileh. Da die Darstellung kurz ist, mögen beide hier Platz finden.

„Goldene See! Kein anderer Teil des Weltmeeres verdient diese Bezeichnung in dem Grade, wie das Mittelländische — wenn es nicht, vom Sturme aufgewühlt, seine Wogenkämme auf die nahen Küsten schleudert. Steht die Königin des Tages hoch am Himmel, so liegt die Flut wie reines Himmelblau vor, hinter und neben dem Kiele und ist doch so durchsichtig, daß man bei einem vorübersegelnden Schiffe die neue Kupferung emporleuchten sieht. Wenn dann die Sonne sich senkt, so nehmen die Wasser immer hellere, goldenere Töne an, bis bei Sonnenuntergang mächtige mit purpurnen Lichtern vermischte Strahlenbündel, so weit das trunkene Auge reicht, über die leicht gekräuselten Wellen schießen. Dazu ist die Luft so rein, so mild und erfrischend, daß die Lynge tiefer atmet und die Brust des Menschen in einem seltenen Wohlgefühle schwillt."

„Vierzehn Tage später hatten wir die Serir durchschritten, und ein wunderbar liebliches Bild breitete sich vor uns aus. Viele tausend Palmen wiegten ihre dunklen Blätterkronen auf den schlanken Stämmen, die vom Sonnenlichte golden überrieselt wurden. Die Füße dieser Stämme standen in einem Garten von blaßroten Pfirsichblüten, weißen Mandelblumen und hellgrünem, frischen Feigenlaub, in welchem der Bülbül (die Nachtigall) seine entzückende Stimme erschallen ließ. Es war die Oase Safileh, wohin wir die Kaffilah glücklich brachten."

Zu größerer dichterischer Kraft erhebt sich die Darstellung Mays, wo es die Schilderung von Naturereignissen gilt.

„Die Sonne küßte den Horizont, und ihre scheidenden Strahlen färbten denselben mit flammenden Lichtern, die sich dem Osten entgegen in immer milderen Tinten verloren. Die bewaldeten Höhen unter mir glichen einem grünen Meere, über dessen erstarrte Wogen die Dämmerung ihre langsam vorrückenden Schatten breitete. Nur über die naheliegenden Kämme merkte man den Abendwind streichen, vor dessen Hauche sich die Wipfel leise neigten. Die Schatten wurden dunkler; die Ferne verschwand; das Abendrot war verglüht, und nun legte auch die Nähe das alles verhüllende Gewand des Abends an" (3. 196).

Wenn ich eben von packender Wucht der Darstellung sprach, so gilt dies jedoch weniger von der Schilderung eines Sonnenunterganges, auch nicht etwa von der eines Nordlichtes (23. 5/6), sondern von den machtvollen Bildern, die von verheerenden Stürmen geboten werden. Es tritt hier jenes verstärkende Element hinzu, das ich bereits an anderer Stelle gewürdigt habe, das Element der Spannung. Wie May ein Mann kraftvollen Handelns ist und die Schilderung von Tat und Geschehnis ihm viel mehr liegt, als die Ausmalung der Ideen und Gefühle, welche psychologisch interessante Seelenstimmungen betonen, also innere Erlebnisse — nicht zu verwechseln mit seinen tendenziösen Betrachtungen, — so gelingt es ihm auch besser, das Leben der Natur dort darzustellen, wo sie in gewaltigen Taten dahinschreitet, als in liebevoll stiller Kleinmalerei das eintönige Ewig-Heutige zu veranschaulichen, selbst dort, wo es sich zu ewiger Hoheit erhebt. Mir wenigstens scheint die Feder Mays klarer, lebendiger und gegenständlicher zu walten, wo er uns die Entwicklung einer jener furchtbaren Luftrevolutionen vom ersten Himmelszeichen bis zur atemraubenden Katastrophe und von dieser zum jähen Abbruch oder zum sanften Ausklingen einer solchen gleichsam dramatischen Willenshandlung der Naturkraft vor Augen führt. Ich möchte bitten nachzulesen:

Hurrikane 8. 6/10;
Sturm auf dem Mittelländischen Meere 10. 171/8;
Teifun 11. 78/86;
Pampero 12. 542/52;
Windhose 15. 229/30, 234, 236/42;
Llanosturm 22. 76/81;
Wüstensturm 23. 238/40;
Blizzard 23. 594/5.

Anders in den letzten Bänden (28—30). Hier erscheinen die Vorgänge der Natur in tiefer, gehaltvoller Form, in harmonischem Anklingen an die reinstimmigen

Saiten der Seele, zumal, wenn sie in dem Gedanken an Gott, den Weltenschöpfer ertönen. Herrlich ist das Bild, das May von den im Morgenlicht schimmernden Fluten des Meeres gibt, wo sich die arabisch-persische See mit dem Indischen Ozean vereint (30. 107/9); ähnlich die Schilderung des chinesischen Meeres (30. 432). Selbst die Wüste, deren Beschreibung nach Mays eigenen Worten „eine undankbare Aufgabe" ist, gewinnt nun, von einem religiösen Ideenstrome durchflutet, plastische Gestalt und dichterisches Leben (25. 123/37). — Ich weiß diese Wandlung dem Leser nicht deutlicher vorzuführen, als wenn ich dem oben wiedergegebenen Sonnenuntergange einen zweiten gegenüberstelle:

„Da stand der Ustad vor den Säulen des Tempels und gab ein Zeichen nach dem »hohen Hause« hinüber. Man hatte auf dieses Zeichen gewartet, denn die Sonne war im Untergehen, und sogleich erklangen die Glocken. Der Pedehr erhob sich, zog mich mit sich empor, behielt mich mit der Linken umarmt und zeigte mit der Rechten nach dem Alabasterzelt hinauf.

»Erzähle mir später von deinem Bilde weiter!« sagte er. »Es wird sich jetzt ein anderes zeigen. Auch aus einem Kitab el mukkadas (Bibel), aber nicht aus einem geschriebenen, welches man nach Belieben öffnen und schließen kann, sondern aus dem, welches unaufhörlich über die ganze Erde ausgebreitet liegt. Wenn du die Bilder deines Buches recht verstanden hast, wirst du auch diese recht verstehen.«

Jetzt drehte der Ustad sich nach unserer Seite. Als er uns in Umarmung stehen sah, nickte er zu uns herauf und verließ den Tempel, um herbeizukommen. Die Augen aller anwesenden Dschamikun und ihrer Gäste waren hinüber nach dem höchsten Punkte des Gebirges gerichtet.

Die Sonne hatte unser Tal verlassen und senkte sich jenseits der Berge nieder. Während sie diese auf der uns abgelegenen Seite beleuchtete, begann hier die Dämmerung emporzusteigen. Schon webten um den See dunkle Schatten, die wie abgeschiedene Seelen über seine Gewässer zu schiffen schienen. So, wie diese Dämmerung emporstieg, um schließlich das ganze Tal in Dunkel zu hüllen, so klettert auch das Leid im Menschenherzen immer höher und höher, um es gänzlich auszufüllen. Gibt es denn keinen Punkt, den es nicht erreichen kann, den es niemals ganz zu umnachten vermag? Doch!

Schon waren die Bergeshäupter im Süden, Osten und Norden in ihr letztes tiefstes Violett gefärbt; dann wurden sie von den Strahlen verlassen, die empor zum Firmamente flüchteten, um sich in dem Glanze der Sterne aufzulösen. Im Westen aber, wo der Himmel in Flammenglut gestanden hatte, erschien der letzte Tagesgruß im Abendrot, um sich im Alabasterzelte sterbend auszuleuchten. Es stand in dieser keuschen Abschiedsglut, als sammle es am Tore der Seligkeit die hochgestiegnen Pilgerseelen allesamt, die, durch des

Lebens Leid und Weh verklärt, dem höchsten Erdenpunkt entschweben sollen, damit der Felsengrund, auf dem das »hohe Haus« errichtet wurde, sich als vom Herrn mit eigener Hand gelegt erweise.

Der Himmelsstrahl brach sich auf dem halbdurchsichtigen Steine in alle seine Erdenfarben. Sie schimmerten und blitzten, als sei das ganze Zelt mit den Schmuckstücken aller Zeiten und aller Welten ausgelegt. Und noch als diese märchenhafte Herrlichkeit vom abendlichen Dunkel erreicht und unsern Augen entzogen wurde, war es anzusehen, als ob jeder einzelne der Brillanten sich weigere, für heut bis morgen ausgelöscht zu werden. . . Ein jetzt noch matter Schein lag hier und dort. Nur der Abendstern stand schon im vollen Glanze. Früh heißt er Morgenstern. Er ist derselbe; nur die Namen sind verschieden. Nicht so auch Gott? Zwischen den beiden Namen des Sternes liegt eine Nacht. Welche Nächte sind es, die zwischen den verschiedenen Namen Gottes liegen? Und wer ist es, von dem diese Dunkelheiten ausgegangen sind? Von ihm, dem ewigen Lichte nicht!

»Ich sehe es«, sagte Hanneh leise, als ob das Alabasterzelt ein Heiligtum sei, von welchem man nicht in lauten, rauhen Worten sprechen dürfe.

Auch ich sah es nun. Der Berg, auf dem es lag, erschien uns jetzt als eine formlose, finstere Masse. Nur in der Höhe hatte er Konturen, welche der Himmel ihm verlieh. So scheinen auch die Berge des Lebens in der

Tiefe ohne Gestalt zu sein; aber sie treten um so mehr und um so deutlicher hervor, je näher sie zum Firmamente steigen. Auch das Zelt selbst erschien noch schattenhaft. Im Innern war es ohne Licht, doch nahte dies von oben. Als ob der Gedanke, der es entstehen ließ, erst jetzt geboren und sofort zum Körper werde, so tat es sich im heller werdenden Schein der Sterne vor unseren Augen immer weiter und immer deutlicher auf, bis es in magischer Schönheit, klar und rein, dem Meister dankte, welcher die im Gesteine verborgene Bergesseele aus ihrer schwermassigen Gestaltlosigkeit befreit und ihr im bedeutungsvollen Bild die Erlösung gebracht habe" (28. 627/8; 631).

Wie hier, zeigt sich die dichterische Kraft Mays am stärksten und tiefsten dort, wo es gilt, Ruhe und Leben der Natur, Bildwerke von Menschenhand, schöne oder seltsame Formen der Erdgestaltung mit religiösen Gedanken zu kombinieren und das Ideale durch das Reale zur greifbaren Klarheit zu bringen. Leider wird diese Klarheit nicht immer erreicht. Es ist das der Trieb zur symbolischen Gestaltung, über die ich noch sprechen werde. Es handelt sich für May nicht darum, einen Sonnenuntergang zu schildern. Die Farben des Abendhimmels dienen ihm nur dazu, die Nebel, die Berge, den Abendstern, das Alabasterzelt hervortreten zu lassen, um an diesen Erscheinungen der Materie seine religiösen Ideen sinnbildlich zu entwickeln. Aehnlich steht es mit der Beschreibung des Tales der Dschamikun

(28. 282/3; 339 ff.; 500), einer religiös-ethischen Utopia mit seinen Bauwerken, dem Rosentempel (28. 284; 498/9), dem Hause des Ustad (342/3; 509/10), dem „hohen Hause" (oder „Etagenbau" 493/8; 501/9) und dem schon erwähnten Alabasterzelt (28. 510/4; 29. 243/4). Wir finden eine große Aehnlichkeit zwischen dem Tal der Dschamikun und dem der Dschesidi (Band 1). Was im ersten Bande angedeutet wurde, wird hier (28 und 29) ausgeführt und vertieft. Auch bei den Dschesidi wird schon von einem religiösen Bauwerk gesprochen, dem „Grabmal" (1. 612/3). Zu vergleichen wäre auch die Beschreibung der „Kapellenruine" (18. 286/7). Eine dritte ethische Utopia lernen wir in „Shen-Fu" kennen; doch wird dort das einseitig religiöse Moment, das in den vorhergehenden zwei Bänden der Darstellung von Natur- und Kunstformen das Gepräge aufdrückte, zum Allgemein-Menschlichen geebnet und verklärt; denn Raffley-Castle steht im Mittelpunkt, das gemeinsame Besitztum des Mandarinen Fu und des Lord Raffley, an dessen Seite die edle Yin das idealisierte Abbild des frostigen englischen Aristokratenschlosses mit den Strahlen ihrer warmen, lauteren Seele erhellt und belebt. Besonders schön finde ich hier die prächtigen Küstenschilderungen (30. 147/8; 481/3). Wie May uns an dem ehedem steifen, kühlen Lord die veredelnde, umbildende Kraft eines sonnigen Frauengemütes mit treffender Charakteristik darstellt, während aus der Ferne das Kreuz des Schlosses herüberleuchtet — ein liebliches,

friedenatmendes Gemälde, — führt er uns mit machtvoller Hand in das Grausen des unterirdischen Sees unter die Ruinen des Tempelbaues und zeigt uns in einem an die „Divina Commedia" erinnernden Traum das dämonische Treiben und Ringen der Schatten und der Skelette; ja, er führt uns an die Grenzlinie von Tod und Leben und läßt uns einen Blick in das Jenseits tun. So sehr wir anerkennen, daß diese Bilder kraftvoll und eindringlich gezeichnet sind, und so sehr wir es mit Freuden begrüßen, daß die anfangs allzu nackte, nüchterne Darstellungsweise eine künstlerische Verklärung — und gleichzeitig die zuerst recht einseitige Weltanschauung eine Vertiefung — erfährt, so sehr müssen wir es als eine Gefahr betrachten, daß die Ausdrucksform oft zu einer dunklen, mit Allegorien und Symbolen arbeitenden Geheimniskrämerei wird und die Reste der orthodox-religiösen Elemente sich in einen mit spiritistischer, okkultistischer Ornamentik verbrämten Mystizismus zu verlieren drohen. Doch wir kehren zum Thema zurück.

An diese Entwicklungslinie der anschwellenden künstlerischen Durchdringung von Erscheinungsformen der Außenwelt gliedert sich die Lyrik an, welche Phänomene des Seelenlebens zum Vorwurfe hat. Auch hier so gut wie durchweg religiöse Betonung, denn „die Poesie ist göttlicher Natur. Die Kunst, die wahre, wirkliche Kunst, ist die edle Schwester des Glaubens" (30. 383).

In „Weihnacht" führt May den eigenartigen Gedanken durch, die Handlung an ein Gedicht anzulehnen, das ähnlich einem Wagnerschen Leitmotiv wieder und wieder anklingt. Es ist ein Weihnachtsgedicht, wie er erzählt, aus seiner Schülerzeit, einfach, schmucklos, herzenswarm:

„Ich verkünde große Freude,
Die euch widerfahren ist;
Denn geboren wurde heute
Euer Heiland Jesus Christ!"

Diese und die folgenden Strophen geleiten uns aus der Stube des Kantors zu der ergreifenden Weihnachtsfeier im Wirtshaus zu Falkenau und weiter in das tiefste menschliche Elend in der Schneidemühle an der Zwoda, hinüber über den Ozean in das Heim der wiedererstarkten, einst gebrochenen Frau Hiller, in den wilden Westen zum Sterbelager des Jugendfreundes (24. 10; 50; 51/3; 112; 161/5; 524; 613/17) und klingen aus:

„Suchtest du noch im Verscheiden
Droben den Erlösungsstern,
Wird er dich zur Wahrheit leiten
Und zur Herrlichkeit des Herrn.

Darum gilt auch dir die Freude,
Die uns widerfahren ist;
Denn geboren wurde heute
Auch dein Heiland Jesus Christ."

Derselbe Gedanke des Leitmotivs ist von May in ähnlicher, doch gehaltvollerer Weise in Friede auf Erden durchgeführt worden, wo ein Gedicht die innere Umkehr des Missionars Waller vom schroffen, selbstanbetenden Dogmatismus zu edlem, versöhnenden Menschentum stufenweise bewirkt.

Ueber die Entstehungsart seiner Gedichte äußert sich May in widersprechender Weise. Er sagt: „ . . . Ich hoffte, bald wieder einzuschlafen, und schloß die Augen wieder zu, mußte aber gleich wieder an den Traum und seine zertrümmerten Tempel und Kirchen denken. Da stieg ein warnendes Wort und noch eins in mir auf; beide gestalteten sich zum Verse, dem sich ein zweiter, dritter und dann auch vierter zugesellte; sie fügten sich zur gereimten, vierzeiligen Strophe zusammen, und ich stand auf, um sie niederzuschreiben . . . Als ich im Mondscheine die Zeilen auf das Papier geworfen hatte, legte ich mich wieder nieder. Die Nachtluft war nach dem Khamsin des vorigen Tages so erquickend kühl, ein Hochgenuß, den man im Schlaf nicht mehr bewußt genießen kann, und so nahm ich mir vor, zu der aufgezeichneten Strophe noch eine zweite, dritte und vierte zu schreiben. Ich zerlegte den Hauptgedanken in seine Teile und sann über eine Verbindung zwischen ihnen nach, um zu einer festen, logisch klaren Disposition zu kommen . . . .“ (30. 50). Eine merkwürdige Art, zu dichten! Als ob ein Gedicht ein Aufsatz oder ein wissenschaftliches System wäre! Nein, so dichtet man nicht. Wie aber dem Dichter „von Gottes Gnaden" die Ideen nahen, und wie er das Glockenmetall in die Form gießt, daß sie „die Lebenden ruft", sagt May uns selbst in begeisterten Worten: „Wahre, wirkliche Gedichte werden nicht „gemacht", wenigstens nicht hier bei uns; sie entstehen in jenen Sphären, aus denen die Inspiration auf Engelsflügeln niederschwebt, um dem nach oben lauschenden Poeten die Stirn zu küssen und ihm das Auge und das Ohr für eine Welt zu öffnen, die anderen verborgen bleibt. Der Dichter ist darum zugleich auch Seher . . . Dem wahren Dichter kommt aus einer Welt, die mit der unsrigen zusammenhängt, auf leisen Schwingen schöngeborne Kunde. Er nimmt sie auf; er gibt sie weiter fort, und wer sie hört, der wird von ihr berührt, als sei sie ein Gedicht aus Engelsmunde. Das ist die Poesie, die aus dem Himmel stammt; kein Geist, kein Mensch kann sie uns niederbringen; dort oben, wo das Meer des Lichtes flammt, muß jeder Strahl in goldnen Reimen schwingen. Und steigt er nieder, nimmt er Formen an, um sich dem Menschengeist zu offenbaren, und diese Formen, sie bestehen dann für unsre Nachwelt noch nach tausend Jahren" (30. 396/7; s. a. 29. 183).

Es läßt sich nicht abstreiten, daß auch May Gedichte „gemacht" hat, in dem weniger idealen Sinne. Ich denke dabei u. a. an die versifizierte Ermahnung an den Ustad, die mit den Worten schließt:

„Begreifst du nun auch jetzt das große Wunder,
Das doch so einfach ist, noch immer nicht,
So gehst du wie der Docht im Lämpchen unter;
Denn deinem Geist fehlt jede Spur von Licht!" (29. 175).

Nicht eben erhaben. — Doch wenden wir uns zu Erfreulicherem. Die religiösen Gedichte sind von tiefer Innigkeit erfüllt, so die Begegnung im Beit-i-Chodeh, im Hause Gottes (28. 538/9), die Sehnsucht nach Frieden (540), das Hinauf zu den Bergen (558), das Kirchlein (29. 5), Sonne und See (7/8). Liebliche Anmut schaut aus den Versen von der Freundschaft zwischen Mond und Sonnenstrahl (28. 424) und dem Liebeslied vom „Märchen" (567). Romantische Anschauung offenbaren die in Prosa gefaßten Worte Schakaras: „Wunderland? ... Meinst du etwa dasselbe wie ich? Dieselben Felsenkronen, die mir so oft im Abendrot erglühten? Dieselben Pfade durch die heilige Stille, in welcher jede Blume und jeder Lufthauch betet? Dasselbe Wasserrauschen, von welchem meine Seele trinkt, noch durst'ger als die Lippe, die ich kühle? Warst du vielleicht in jenem Tal der Sternenblüten, wo unsichtbar die Seelen wandeln gehn, doch ihrer Füße Spur im grünen Moose lassen? Ich war einst dort, mit Marah Durimeh! Wir hörten süßes Flüstern um uns her und leises Wehen, wie von himmlischen Gewändern ..." (29. 216).

Wir sehen, daß auch May der vielverspottete Pegasus nicht fremd ist, von dem er so schön sagt:

„Das war das Roß der Himmelsphantasie, der treue Rappe mit der Funkenmähne, der keinen Menschen trug als seinen Herrn, den nach der fernen Heimat suchenden. Sobald sich dieser in den Sattel schwang, gab es für beide nur vereinten Willen. Die Hufe warfen Zeit und Raum zurück; der dunkle Schweif strich die Vergangenheiten. Des Laufes Eile hob den Pfad nach oben. Dem harten Felsen gleich ward Wolke, Dunst und Nebel, und durch den Aether donnerte das Rennen hinauf, hinauf ins klare Sternenland. Dort flog die Mähne durch Kometenbahnen, und jedes Haar klang knisternd nach der Kraft, die von den höchsten aller Sonnen stammt und drum auch nur dem höchsten Können dient. Und taten sich die Tore wieder auf, die niederwärts zur Erdenstunde führen, so tranken Roß und Reiter von dem Bronnen, der aus der Tiefe jenes Lebens quillt, und kehrten dann im Schein der Sterne wieder. Der Reiter hüllte leicht sich in den Silbermantel, den ihm der Mond um Brust und Schultern warf, und seiner Locken Reichtum wallte ihm vom Haupte. Des Rosses düstre Mähne aber wehte, im Winde flatternd wie zerfetzte Strophen, schwarz auf des Mantels dämmerlichten Grund. Und jene wunderbare Kraft von oben, die aus den höchsten aller Sonnen stammt, sprang in gedankenreichen Funkenschwärmen vom wallenden Behang des Wunderpferdes, hell leuchtend, auf des Dichters Locken über und knisterte versprühend in das All“ (29. 208/9).

Humor.

Schlug die Lyrik Mays vorwiegend tiefe, ernste Töne an, so fehlt doch auch nicht das leichte Glockenspiel des Humors. Freilich sind es weder die an den Haaren herbeigezogenen keulenschweren Witze eines Mark Twain, auch nicht die zwar von tiefer Menschenkenntnis zeugenden, aber gefühlsrohen Scherze eines Wilhelm Busch, die ich keinem Kinde in die Hand geben möchte, ebenso wenig die gemütstiefe Hilaritas eines Wilhelm Raabe.

Man kann den Humor, wie er bei May erscheint, in drei Arten teilen: Schilderungskomik, Charakterkomik, Situationskomik — drei Formen, welche gewöhnlich vereint auftreten. May geht in der Regel davon aus, das Aeußere humoristischer Figuren zu beschreiben; dann läßt er als Freund des Dialogs sie reden, zeichnet so ihren naiven, bornierten oder schwachsinnigen Geist und kommt durch Vereinigung von Reden und Handeln im Kreise anderer Personen oder in Beziehung auf Dinge, die ihnen teils gewohnheitsmäßige Akquisitionen, teils neuartige, Erstaunen hervorrufende Erscheinungen sind, zur Darstellung scherzhafter Begebenheiten.

Es ist die Frage, ob die Motive, die den eingestreuten humoristischen Szenen zugrunde liegen, stets mit den ethischen Lehren Mays harmonieren; ist es doch eine Erscheinung, die wir auch im praktischen Leben immer und immer wieder beobachten können, daß Menschen, die ein von Nächstenliebe erfülltes Herz in der Brust tragen, die bereit wären, Freunden wie Fremden opfernd zu helfen, mit ihrem Mitgefühl jählings Schiffbruch leiden, sobald das Unglück des anderen den Beigeschmack des Komischen bekommt. So auch hier. Lieber einen Freund verlieren als einen Witz — gilt für manche. Lieber den an anderen Stellen mit leidenschaftlicher Inbrunst verkündeten Lehren von Güte, von herzlichem Verständnis für die Leiden und Sorgen des Bruders ins Gesicht schlagen, als Verzicht leisten auf die Darstellung einer lächerlichen Erscheinung, eines verschrobenen Charakters, einer komischen Szene, — das gilt für May.

Sehen wir ab von diesen Bedenken hinsichtlich einer ethischen Inkonsequenz, so müssen wir dem Schriftsteller als solchem zugestehen, daß er der Meister einer überwältigenden Komik ist.

Es ist besonders der Orient, der May eine Fülle satirischen Stoffes bietet. Der einst so strahlende, kraftvolle, ideale, glänzende Osten mit seinen bunten, liederdurchfluteten Gärten, seinen stolzen, prunkenden Schlössern, seinen reichen Basaren, der Osten, den uns Namen wie Harun al Raschid, Scheherezade, Hafis vor den Blick der Phantasie zaubern, er ist zur öden Steppe, zur lebenerstorbenen Ruine, zur schmutzstarrenden Stadt geworden. Armut, Hunger, geistiger und sittlicher Tiefstand überall. Sind schon uns, den modernen Europäern, so viele Erscheinungen des Orients fremd und unverständlich, und neigen wir schon einmal dazu, Fremdes entweder, und das kann hier nicht in Frage kommen, zu bewundern, oder, wenn es uns unklar ist, als töricht und albern anzusehen, so muß der Osten mit seinen durch den tiefen Fall von einstigem Glanze in bitteres Elend besonders schroff markierten Formen notwendigerweise komisch erscheinen. Auch wirkt hier jener Zug des Orientalen mit, der von jeher ideal, oder richtiger, phantastisch veranlagt, über die nackte Oede der Realität den zaubernden Schimmer seiner märchenspinnenden Seelenkraft wirft und damit Dinge in ein Licht goldener Erhabenheit rückt, die der nüchterne Europäer nur in ihrer tristen Wirklichkeit sieht, der Europäer, der aufgewachsen im heimischen Luxus — wenn auch nur im Vergleich —, in Ruhe, Sicherheit und Wohlfahrt, selbst dann, wenn materielle Sorgen ihn drücken, doch nicht dazu kommt, über das hinaus, was dem verarmten Osten geblieben ist, zu erdichten, was dem Orientalen zum Lebensgenuß fehlt. Wie aber der Osten materiell herabgekommen ist, so ist er auch sittlich und geistig gesunken, und da ist es denn kein Wunder, daß die Phantastik, die erfindende Uebertreibung des Orientalen oft zur schwindelhaften Lüge wird, die dem realen Mangel durch Phrasenschwall und gestenreiche Prahlerei nachzuhelfen strebt, sei es aus einem angeborenen, harmlosen Hang zur Uebertreibung, sei es aus habgieriger Reklamesucht. Dieser erstere Charakterzug ist von May mit kunstvoller Schärfe und Plastik in Hadschi Halef Omar gezeichnet worden. Ein Beispiel gebe ich im Kapitel „Ichroman".

Als die einfachste Form humoristischer Darstellung erscheint bei unserem Schriftsteller die Zeichnung menschlicher Karikaturen, die, wie man dies oft beobachtet, das ohnehin lächerliche, von der Natur ihnen verliehene Aeußere des Körpers durch groteske Kleidung noch intensiver hervorkehren. Einige Beispiele mögen zeigen, wie sehr May hier minutiöse Beobachtung mit humorvoller Kunst zu vereinen weiß.

„Der Buluk Emini schien ein Original zu sein. Er ritt kein Pferd, sondern einen Esel, und trug das Zeichen seiner Würde — ein ungeheures Tintenfaß — an einem Riemen um den Hals. In seinem Turban staken einige Dutzend Schreibfedern. Er war ein kleines, dickes Männchen, dem die Nase fehlte; desto größer aber war der Schnurrbart, der ihm an der Oberlippe herabhing. Seine Wangen sahen fast blau aus und waren so fleischig, daß die Haut kaum zuzulangen schien, und für die Augen blieb nur soviel Raum zum Oeffnen übrig, als notwendig war, einen kleinen Lichtstrahl in das

Gehirn des Mannes gelangen zu lassen." (1. 533.) Dies an sich zum Lachen herausfordernde menschliche Gebilde namens Ifra hat das Pech, sich für einen Helden zu halten, der vor Sebastopol unter heroischen Umständen seine Nase verloren hat. Leider gelingt es ihm nie, ohne an der wichtigsten Stelle unterbrochen zu werden, diese Geschichte zu Ende zu erzählen, und man hat um so mehr Anlaß, an seiner erhabenen Männlichkeit zu zweifeln, als der von ihm gerittene Esel, der in einsamer Nacht den Himmel vor Angst anbrüllt, den kühnen Helden am Tage andauernd abwirft. (1. 574/7; 581/7.)

Eine ähnliche Parallele zwischen einem Menschen und seinem tierischen Begleiter gibt uns May in dem kurdischen Köhler Allo und dessen Hunde, deren Bekanntschaft er, wie folgt, macht:

„Am späten Nachmittag befanden wir uns mitten im Gebirge und kamen, kurz vor Sonnenuntergang, auf einer einsamen, dichtbewaldeten Höhe zu einer kleinen Hütte, aus deren Dachöffnung Rauch emporstieg . . . Ich stieg ab und schritt auf das Häuschen zu . . . Als meine Schritte im Innern des primitiven Bauwerkes zu hören waren, erschien an der Tür der Kopf eines Tieres, das ich für einen Bären hielt; bald aber überzeugte mich die Stimme dieses zottigen Geschöpfes, daß ich es mit einem Hund zu tun habe. Dann erklang von innen ein scharfer Pfiff, und an der Stelle dieses Kopfes erschien ein zweiter, den ich beim ersten Anblick ebensowenig zu klassifizieren vermochte. Ich sah nämlich weiter nichts als Haare, die verworrener gar nicht gedacht werden konnten, eine tiefschwarze, breite Nase und zwei funkelnde Aeuglein, die denen eines zornigen Schakals glichen.

»Ivari 'l ker — guten Abend,« grüßte ich.

Ein tiefes Brummen antwortete.

»Wohnst du allein hier?«

Das Brummen stieg noch um einige Töne tiefer.

»Gibt es noch andere Häuser hier in der Nähe?«

Jetzt wurde das Brummen wahrhaft fürchterlich; ich glaube, die Stimme dieses Geschöpfes reichte wenigstens bis zum großen C herab. Dann kam die Spitze eines Spießes zum Vorschein — sie ward immer weiter hervorgeschoben, bis sie sich grad vor meiner Brust befand.

»Komm heraus!« bat ich im höflichsten Tone. Wahrhaftig, das Brummen stieg noch eine kleine Terz tiefer, also Kontra-A, und die Spitze der Waffe zielte grad auf meine Kehle. Das war mir denn doch zu ordnungswidrig. Ich faßte also den Spieß und zog. Der rätselhafte Bewohner der Hütte hielt seine Waffe fest, und da er mir nicht gewachsen war, so zog ich ihn aus der Türe: erst das Haargestrüpp mit der schwarz glänzenden Nase, dann zwei Hände von ganz derselben Farbe und mit breiten Krallen; hierauf folgte ein zerlöcherter Sack, ähnlich denen, worin unsere Kohlenhändler ihre Ware aufzubewahren pflegen, dann zwei schmierige

Lederfutterale, parallel mit einander, und endlich zwei Gegenstände, über die ein anderer sicher im unklaren geblieben wäre, die ich aber als Scharfsinnigster der Scharfsinnigen infolge ihrer Umrisse sofort als die Stiefel erkannte, die der Koloß von Rhodus einmal getragen haben mußte.

Sobald diese Stiefel die Tür passiert hatten, richtete sich das Wesen vor mir empor, und nun hatte auch der Hund Platz genug, sich in ganzer Figur zu zeigen. Auch bei ihm sah man nur einen jedem Gleichnis spottenden Haarfilz, eine schwarze Nase und zwei Augen, und beide Kreaturen schienen sich mehr vor mir zu fürchten, als ich vor ihnen.

»Wer bist du?« fragte ich jetzt im barschesten Tone.

»Allo!« brummte es, aber es waren doch menschliche Laute.

»Was bist du?«

»Kümürdar« (Köhler).

Ah, das war also die einfache Erklärung der schwarzen Nase und der dito Hände; aber diese Nägel brauchte er sich doch nicht wachsen zu lassen. Ich merkte, daß ihm meine Barschheit imponierte. Er war ganz zusammengeknickt, und auch sein Hund zog den Schwanz ein ..." (3. 63 ff.)

Eine noch krassere Vereinigung materieller und geistiger Oede bietet der 6. 478/88 beschriebene Cretin und dessen Schwester, die an der schwachsinnigen Indianerin

Daja (12. 342) ein Gegenstück findet. Eine weibliche Figur, welche mit drolligem Aeußeren und geringem Verstande ein gutes Herz verbindet, ist Madana (2. 625/6); auch die Schwester des Türken Murad Nassyr, das „Mausgesicht" (Im Lande des Mahdi) wäre hier zu nennen. Weniger liebevoll erweist sich unserem Kara ben Nemsi die hexenhafte Gusza, die „Gans" (6. 96/8), von der es heißt: „Es gibt ein Märchen von einer alten Zauberin, welche — tief im Wald lebend — einen jeden, der sich zu ihr verirrte, in den Backofen steckte, um ihn zu braten und dann zu verspeisen. An diese Hexe mußte ich unwillkürlich denken, als ich jetzt die Frau erblickte. Sollte ihr Name Gusza, Gans, für ihre Individualität bezeichnend sein, so war sie doch nur mit einer jener steinalten Gänse zu vergleichen, welche auf jeden Fremden wie bissige Kettenhunde losfahren und nur darum nicht mit Borsdorfern Aepfeln und Beifußzweigen in Berührung kommen, weil ihr Fleisch zu hart geworden ist. Um uns durch die Tür betrachten zu können, mußte ihr Ober- zu dem Unterkörper fast einen rechten Winkel bilden. Ihr Gesicht war auch sehr in die Länge gezogen; es war überhaupt alles an ihr lang. Die scharfe, sichelförmig gebogene Nase, das spitze, von unten nach oben strebende Kinn, der breite, lippen- und zahnlose Mund, die großen lappenartigen Ohren, die eng beisammenstehenden kleinen, wimperlosen und rotgeränderten Augen, die tiefen Falten, in denen der Schmutz zu greifen war: das alles wirkte so abstoßend wie möglich . . ." Wie in ihr und in dem feigen Selim (16. 19; 21 usw.) körperliche Dürre satirisch gezeichnet wird, treffen wir, und dies häufiger, auch auf Figuren von grotesker Wohlbeleibtheit. Solche Gestalten sind der Wekil von Kbilli und seine ihm an Umfang wenig nachstehende Gemahlin Mersinah (1. 55 ff.); das edle Bäcker-Färberpaar Bojadschi Boschak und Frau Tschileka (4. 109 ff.). Man möge die urkomische Szene nachlesen, in der May der Tschileka aus dem Brombeergesträuch hilft. Andere Beispiele körperlicher Monstrosität und daraus resultierender Unbeholfenheit sind der von anmutender naiver Frechheit erfüllte Diener Kepek (3. 278; 280/3; 26. 498/504; 536/7; 29. 510/3) und der Stallmeister in Siut (16. 189/93; 206/8). Eine Vereinigung beider Extreme: Magerkeit und Dicke, finden wir in dem Freundespaar Hammerdull und Holbers (15. 120; 125), die uns als gute Westmänner wie Hammerdulls Ebenbild Sam Hawkens (7. 28/30), aber als schlechte Dichter geschildert werden (19. 319/26). Besser als diese ungleichen Inséperables passen die beiden Snuffles (26. 4 ff.) zu einander, die in ihrem Aeußern, zumal in ihren gewaltigen Nasen, wie in ihren naiven Anschauungen (26. 28) sich zum Verwechseln ähnlich sind, in ihrer Kleidung aber weniger auffallend erscheinen, als die oben genannten, denen sich Sans-ear (9. 3/4) und Fred Walker (9. 360/2) anschließen. Nicht immer braucht nun die Sprachkomik in den zum Ausdruck gebrachten naiven, törichten, bornierten, von Unkenntnis zeugenden

Gedankenformen zu bestehen, wie sie, um noch ein Beispiel zu nennen, in der albernen Wichtigtuerei der Donna Elvira de Gonzalez (9. 291/7) geboten wird. Der humoristische Eindruck liegt häufig auch in der Sprache selbst, die dann teils dialektisch (Korndörfer 10. 30/2), teils verderbt (Krüger Bey 10. 223 ff.; 21. 303; 367 ff.) erscheint und so, von der sonstigen scherzhaften Färbung abgesehen, komisch wirkt. Wer die Jugendschriften Mays, wie den „Sohn des Bärenjägers“ kennt, wird sich mit Vergnügen der so glänzend gezeichneten Figur des Hobble Frank erinnern, wo die Sprachkomik und die auf die äußere Erscheinung gerichtete Schilderungskomik zusammenwirken. Aehnliche Figuren finden wir in dem Neger Quimbo (11. 509 ff.; 479), dem Engländer Lindsay mit seiner lakonischen Redeweise (1. 351/2; 126/32; 149/53; 3. 274/5; 28. 6 ff.), dem Schiffskapitän Turnerstick (11. 118/9; 126/7; 131/2 etc.), der Chinesisch zu sprechen glaubt, wenn er an deutsche Worte die Endungen „ang“, „eng“, „ing“ anhängt. Weniger originelle Gestalten sind der ungebildete Emporkömmling Vogel (21. 233/5; 241), der Jude Silberstein (20. 42/7; 98/100) und der israelitische Wirt von Amadijah (2. 229/32), mit dem man den aufschneiderischen, aber gutherzigen Juwelenhändler Baruch in Konstantinopel vergleiche (3. 480 ff.), dessen orientalische Reklamesucht noch weit übertroffen wird von dem Khanbesitzer in Khoi (18. 155 ff). Ein kleiner Auszug möge zur Illustration des letzteren genügen:

„Willkommen, o Herr, in meinem Hause, welches dir seine zwölf gastlichen Tore mit Wonne öffnet! Allah breite tausend Segen über dich und zehntausend als Teppich unter deine Füße! Nie sah ich im Leben einen edlern und vornehmern Gast. Wünsche alles, was dein Herz begehrt, und ich werde es dir augenblicklich bringen. Mein Gesicht strahlt vor Freude über deine Ankunft wie die Sonne des Paradieses; meine Gestalt trieft von der Bereitwilligkeit, dir zu dienen; meine Hände zittern vor Begier, deine Befehle zu erfüllen, und meine Füße werden eilen wie die Flügel des Falken, alle deine Botschaften im Nu zu bestellen . . . Ihr werdet bei mir wohnen, als wäret ihr die Lieblingsfrauen des Propheten . . . Um dir zu dienen, werde ich nichts sparen. Ich bin bereit, alle meine Herden für euch zu schlachten . . .“ Das Drechseln derartiger blumenreicher Phrasen liegt May sehr, und er legt sie, abgesehen von seinem Jugendfreunde Carpio (24. 71/93; 104/5) besonders gern Halef in den Mund; einige Beispiele: 1. 1/5; 5. 47, 76/8, 176/8; 6. 59/79, 81/7; 18. 239/45, 253/5; 25. 1/8, 14/20, 26/36, 68/74, 117 ff.; 26. 270/2, 488 etc.

Es ließen sich noch viele Stellen anführen, wo absonderliche orientalische Charakterzüge humoristisch dargestellt werden, es sei nur auf den selbstzufriedenen, phlegmatischen Khawassen verwiesen, der auf dem Standpunkt steht: „Die Gedanken sind schneller als die Füße des Menschen. Darum soll man lieber mit ihnen gehen, als mit den Beinen. Dann kann kein Verbrecher entkommen" und sich deshalb rauchend ins Gras legt, um nachzudenken, wie er der Verbrecher habhaft werden kann, indem er „in Gedanken" hinter ihnen herläuft (4. 500/16) — doch wenden wir uns jetzt derjenigen Gruppe von Szenen zu, bei deren Darstellung es dem Schriftsteller weniger auf die Zeichnung bestimmter Charakterformen, als auf die Situation als solche ankommt. Neben dem Besuch Mays in dem Apothekerladen von Ostromdscha (5. 89/100), in dem er Einkäufe zum Zweck eines ähnlich wirkungsvollen Kunststückes wie des 1. 520 beschriebenen, der wunderbaren Fabrikation von „Schaumwein" macht, ist zweifellos eine der drolligsten Episoden das Verfahren, das May dem türkischen Arzte angedeihen läßt, um ihm die Bedeutung des Gipsverbandes klarzumachen. Man lese, wenn man den betr. Band zur Hand hat, die Erzählung nach und beachte neben der Komik der Handlung auch die, welche in dem treffend gewählten gesprochenen Worte liegt (5. 189 ff.). Ein dankbares Thema bilden jene beiden Unannehmlichkeiten, welche jedem Orientreisenden furchtbar sind und ihm wohl nur in der Erinnerung komisch erscheinen mögen — Schmutz und Ungeziefer, Attribute kulturellen Tiefstandes, welche nicht allein im Orient, sondern auch bei anderen zurückgebliebenen oder verkommenen Völkern anzutreffen sind. So erzählt May dergleichen von den Lappen (23. 3/4), die ja freilich auch orientalischen Ursprungs sind. Allerdings muß es dem an peinliche Sauberkeit gewöhnten Europäer, den das Auge des Gesetzes drohend anschaut, wenn er je einmal nicht rechtzeitig vor seiner Tür gekehrt hat, seltsam und spaßhaft erscheinen, mit welcher selbstverständlichen Seelenruhe der Orientale diese unhygienischen und uns widerwärtigen Dinge hinnimmt und sich in ihnen wohlfühlt. May berichtet ein hierher gehöriges Vorkommnis in drastischer Weise: „Ich habe mit einem berühmten Scheik gespeist, welcher während des Essens sich einige allzu lebhafte Tierchen aus dem Nacken holte, sie vor aller Augen zwischen den Nägeln seiner Daumen guillotinierte und dann mit den Händen, ohne sie vorher abzuwischen, in den Pillaw fuhr und von demselben eine Kugel rollte, um sie mir als »Ehrenbissen« in den Mund zu schieben . . . Links von mir saß der Scheik, welcher mir den Bissen reichte und erwartete, daß ich den Mund aufsperre. Rechts saß Krüger-Bey, der bekannte Oberst der Leibscharen des Herrschers von Tunis . . . In solcher Lage gilt es, geistesgegenwärtig zu sein. Ich sagte im Tone größter Höflichkeit zum Scheik: »Ich werde all meine Lebtage an deine Güte gedenken.« Den Bissen aus seiner Hand nehmend fuhr ich fort: »Entschuldige mich, o Herr!« Und mich nun schnell rechts zu Krüger-Bey wendend, schloß ich: »Ich bitte dich, hier bist du der Ehrwürdige!« Der brave Kommandant der Leibwache erschrak. Er ahnte meine Absicht und war so unvorsichtig, den Mund zu öffnen, um mir abwehrend zu antworten. Aber dieser eine Augenblick genügte mir. Ehe er ein Wort hervorbrachte, hatte er den Reiskloß im Mund und durfte ihn nicht wieder herausgeben" (6. 100/1). Ein recht delikates Bild von der Unbefangenheit, die im Hinblick auf diese Dinge das südländische Bewußtsein erfüllt, entwirft May 4. 394/8. Einige Proben: „In dem kleinen, schwarz geräucherten Raum (der öffentlichen Herberge) saßen mehrere Männer. Der eine war sehr eifrig beschäftigt, sich mit einem Dolchmesser die Nägel seiner Zehen zu verschneiden. Neben ihm hockte ein zweiter, welcher einen Gegenstand in der Hand hatte, der vor langen Jahren wahrscheinlich einmal eine Bürste gewesen war, und rieb sich damit dasjenige Kleidungsstück, welches wohl nur er eine Hose nannte. Dieses Beinkleid war so voll von Schmutz, und der Besitzer arbeitete mit solchem Nachdruck, daß er in eine dichte Staubwolke gehüllt war. Ihnen gegenüber hatte ein dritter einen Napf voll Milch zwischen den ausgestreckten Beinen und schabte an der Schneide seines Messers Knoblauch, den er in die Milch tat. An der dritten Wand saß ein vierter auf dem Boden und hatte den Kopf eines fünften, den er rasierte, im Schoße liegen" . . . „Der Barbier strich alles, was er von dem Hirnschädel schabte, ganz gemächlich an die Wand und schnitt während seiner Arbeit Grimassen, wie ich sie selbst in den Vereinigten Staaten von keinem Negerbarbier gesehen habe."

Doch betrachten wir Verhältnisse, denen wir weniger Widerwillen und mehr Verständnis entgegenbringen können. Wir alle haben die eigentümlichen Wirkungen des Alkohols — bei anderen, versteht sich — beobachten können. Auch May bringt derartige Szenen (2. 232/41; 302/5) und schildert drastisch, wie dort Unmäßigkeit, so auch an anderen Stellen das schrankenlose Vertilgen von Speisen. Außer Gewohnheitsvielessern wie dem schon erwähnten Stallmeister (16. 189/93) und dem im gleichen Bande auftretenden Türken Murad Nassyr kommt hier jene Erscheinung in Frage, daß Naturvölker bei Festlichkeiten unheimliche Mengen von Nahrungsmitteln verschlingen können. Derartiges berichtet May von dem Negerstamme der Bor (18. 84) und den Indianern des Desierto in Südamerika: „Es wurde ungeheuer gegessen und getrunken. Ich sah Kinder an der Erde sitzen, welche mit der einen Hand den Bauch hielten, weil er ihnen von dem vielen Essen wehe tat, und doch mit der andern Bissen in den Mund stopften, aus deren einem ich zwei oder drei für mich geschnitten hätte. Der Indianer erträgt den Hunger mit Leichtigkeit, aber wenn er einmal ins Essen kommt, so leistet er auch mehr, als man für menschenmöglich hält. — Ohne Musik ging es nicht ab. Mein Liebling tat das seinige, um meine Bewunderung über sein Pusten in die Riesenpfeife womöglich noch zu steigern. Um ihm zu zeigen, daß diese Bemühung nicht vergeblich sei, schnitt ich während der Tafelmusik ein handgroßes

Stück Fleisch von dem Braten und trat gerade in einem Augenblicke zu ihm, an welchem er mit aller Macht in das Instrument blies. Er setzte für einen Moment ab, um Atem zu holen, und da stopfte er sich den riesigen Bissen in den Mund und schob so lange nach, bis er in demselben verschwunden war. Ich wäre gewiß daran erstickt; der rote Virtuos aber wälzte den Bissen in die eine Backe und blies sofort wieder darauf los, als ob es gälte, das Leben sämtlicher Stammesangehörigen dadurch zu retten" (13. 422). Der Virtuose, der hier als Solist so pflichteifrig tätig ist, hatte schon vorher erstaunliche Leistungen im Zusammenspiel gezeigt: „Da spitzte der Signalist den Mund, formierte mit demselben eine runde Oeffnung, durch welche man beinahe einen Kinderkopf schieben konnte, legte diesen Lippenkreis an das ebenso große Loch seiner Bambusröhre und pustete aus Leibeskräften hinein. Es kam ein Ton heraus, der eine Elefantenherde zur schleunigsten Flucht bewegt hätte, und den man allerdings auf eine Entfernung von drei Viertelstunden hören konnte. Die sonstige Kapelle fiel sofort ein, daß mir angst und bange um das bißchen Generalbaß wurde, welches ich von früher her noch inne hatte. Der Signalist aber setzte ab, holte tief Atem, drehte sich um und blickte mich an, um zu sehen, welchen Eindruck seine bambusrohrige Leistung auf mein empfängliches Gemüt hervorgebracht habe. Ich nickte ihm lächelnd zu, worüber er so in Entzücken geriet, daß er sofort mit dem Munde den erwähnten dunklen Krater abermals bildete und nun zu tuten begann, daß man hätte meinen mögen, die drei Elemente wälzten sich kunterbunt durcheinander in dem vierten, nämlich in der Luft herum. Vier oder fünf solche Signalisten hätten wohl eine Mauer umblasen können. Dazu heulten, brüllten und schrien die andern aus allen Leibeskräften. Wir gelangten mit unerhörtem Sang und Klang in das Dorf . . ." (13. 358; ähnlich 5. 329/33).

Wir sehen also, daß der Humor in der Darstellungsweise Mays einen breiten Raum einnimmt. Andere erheiternde Situationen werden geschildert: 7. 182/7, Sam Hawkens und die Kiowas; 8. 156/61, die Kukluxer; 18. 210 ff., Feuerspritze in Khoi; 20. 88/94, Siesta des Alkalden und seiner Familie; 28. 384; 377/82, Sturz vom Pferde bezw. Esel. Ich schließe mit der amüsanten Beschreibung einer Fahrt mit der Rickschah (Jinrikisha) in Colombo. Wir sehen in der nicht gerade appetitlichen, aber gewiß wirklichkeitsgetreuen Darstellung die Humoristik Mays in ihrer gereiften Form. Keine gesuchten Worte oder Wortspiele, sondern — ein natürlicher, typischer Vorgang, geschildert mit der ruhigen und doch auf den Leser fortwirkenden Heiterkeit des passiven Zuschauers in, ich möchte sagen, geradezu dramatischer Entwicklung:

„Man steige ein! Sobald man sitzt und er erfahren hat, wohin man will, beginnt er zu laufen. Die Luft ist schwül; die Sonne brennt; er läuft! Es geht nicht im Schritt, nicht im Trab, nicht im Galopp, sondern er läuft, aber wie! . . . Die nackten Beine werden nicht müde; die nackte Brust scheint keine Lunge zu bergen; der Atem geht ruhig und regelmäßig, und doch würde ihn eine Droschke erster Güte nicht einholen; denn — — er läuft! Da, da — — man schaue hin! Es beginnt noch etwas zu laufen! Nämlich unter dem Zopfe quillt ein kleines, einziges Tröpflein hervor, bleibt, wie verschämt darüber, daß es sich so öffentlich zeigen muß, einige Augenblicke im Schatten des Kammes stehen und bewegt sich dann, erst langsam, hierauf sprungweise und hernach schneller und immer schneller über den Hals und den Rücken herab, bis es unter dem oberen Rande der Hose verschwindet. Ein zweiter Tropfen kommt. Dieselbe anfängliche Verschämtheit, dasselbe Zögern, dann dieselben Sprünge und dasselbe vorläufige Ziel. Ein dritter, fünfter, zehnter, zwanzigster, hundertster Tropfen erscheint Sie folgen sich schneller und schneller, bis sie ein Bächlein bilden, welches von dem Zopfe nach der Hose strebt . . . Es entsteht hüben und drüben ein zweiter und dritter Bach, nach deren Einmündung der mittlere zu einem Flüßchen wird. Bald treten auch an anderen Stellen Wasserperlen hervor, aus denen Bäche werden, an den Oberarmen, der Brust, den Seiten, und alle eilen der Hose zu, welche naß und immer nässer wird, bis sie die allgemeine Ueberschwemmung nicht mehr fassen kann und in Gestalt von zwei Mississippis an den beiden Beinen niederlaufen läßt.

So läuft das Wasser endlich am ganzen Körper, und — — der Mann läuft auch! . . . Es ist ein wahres Glück, daß man dem Kuli gesagt hat, wohin man fahren will, denn wenn man das vergessen hätte, so würde er laufen, laufen und immer weiter laufen und gewiß nicht eher aufhören, als bis er sich ganz in Wasser aufgelöst hätte und zwischen den Deichselarmen der nun stehen gebliebenen Rickschah nur noch die Hose und der Kamm zu sehen wären" (30. 119/121).

Charaktere.

Wir haben im vorhergehenden Kapitel eine Reihe von Charaktergestalten an uns vorüber ziehen sehen, welche May mit dem Griffel freundlichen Scherzes oder satirischen Spottes gezeichnet hat. Betrachten wir nun die Charakterschilderung Mays an sich, ohne Rücksicht auf ihre humoristische oder sonstige Färbung.

Was verstehen wir unter Charakter, Charakteren, Charakterschilderung? Wir sagen: der und jener hat einen guten oder einen schlechten Charakter, und meinen damit, daß das Uebergewicht seiner sittlichen Veranlagung nach der positiven oder negativen Seite hinneigt. Andererseits: dieser Mensch hat Charakter — soll heißen: er ist eine willensstarke Individualität. Hier, bei der Betrachtung schriftstellerischer Darstellung, hat Charakter natürlich eine andere Bedeutung.

Der Schriftsteller zeichnet im Drama, im Epos, in der Prosaerzählung, worauf es hier allein ankommt, menschliche Figuren, Personen. Diese, teils der Phantasie, teils der Erfahrung des Dichters entflossenen Gestalten sollen wie ihre realen Brüder und Schwestern ein Innenleben haben. Der geistige Komplex, den wir als Innenleben bezeichnen, besteht aus den verschiedensten Formen und Graden der Auffassung und Ideenbildung, der Gefühlsart und -intensität, der Willenskraft und -richtung. In einzelnen Teilen der genannten Momente stimmt eine Persönlichkeit mit dieser oder jener wesensähnlichen überein, in anderen zeigt sie ihre Besonderheit. Als Summe aber ist sie originell, eigenartig. Dies ist das, was man im schriftstellerischen Sinne ihre Individualität oder ihren Charakter nennt. Es handelt sich nun für den Autor darum, die Charaktere zur Erscheinung zu bringen, nachdem er sie in seinem Innern als scharfumrissene Bilder fest hingestellt und sich über die Wandlungen, die sie im Verlaufe der Handlung durchzumachen haben, eine deutliche Entwicklungslinie vorgezeichnet hat.

Von den Aufgaben, die dem Schriftsteller auf diesem Gebiete entgegentreten, dürfte die leichteste die sein, Kopien wirklich lebender Personen zu geben; eine schwierigere, neue Charaktere aus vorhandenen Einzelzügen zu kombinieren; die schwierigste, nicht, sie zu schaffen, sondern sie darzustellen, sie lebenswahr und besonders, sie konsequent darzustellen, die Charaktere — in erster Linie die dominierenden — im Gange der Handlung mit verschiedenen Individualitäten und Situationen in Wechselwirkung zu setzen und doch ein einheitliches Bild zu geben, die Agierenden nicht aus der Rolle fallen zu lassen.

Die Wahl der Charaktere? — Natürlich müssen sie in den Rahmen der Handlung hineinpassen, bezw. muß ein geeigneter Rahmen sie umschließen. Die Charaktere müssen, wie das ganze Werk, ein gewisses Bedeutendes haben, einen gewissen Charme, der unser Interesse erregt. Wir müssen an ihrem Tun und Treiben und Empfinden Anteil nehmen, wir wollen keine Dutzendmenschen und andererseits keine wesenlosen Produkte verstiegener Phantastik, sondern greifbare Persönlichkeiten sehen, die gleichzeitig originell sind, gleichzeitig unserer Erfahrung von den potentiellen Erscheinungsformen menschlicher Individualität entsprechen und keine inneren Widersprüche zeigen.

Die Mittel, die dem Schriftsteller zu Gebote stehen, um uns die Kinder seiner Dichtung plastisch vor Augen zu führen, sind mannigfaltig. Die Charaktere zeigen ihren individuellen Inhalt und ihre individuelle Umgrenzung, sei es im initiativen Einwirken auf ihre Umgebung, sei es im Beeinflußtwerden durch diese und die daraus ihrerseits resultierende Reaktion in energischem Gegenhandeln oder ohnmächtigem willenlosen Dulden, das zu keiner äußeren Kraftentfaltung gelangt.

Die Charaktere offenbaren sich ferner, und dies ist Mays Hauptmittel, im Dialog, also in der Aeußerung ihrer Seelen- und Geistestätigkeit durch das gesprochene Wort in Rede und Gegenrede. Die Charaktere können außerdem ergänzend oder, bei Nebenfiguren, andeutend beleuchtet werden durch Beschreibung des Mienenspiels, der Körperhaltung und der Gesten, von denen Reden und Handeln begleitet wird — Kunstmittel, die bei der

Zeichnung energischer oder leidenschaftlicher Personen angezeigt erscheinen, oder durch physiognomische Betonung der Körperbildung, wie etwa der Augen, der Seelenkündiger, durch Angabe des Verkehrs mit Gesinnungsgenossen, den die zu schildernden Persönlichkeiten suchen oder genießen, und vieles andere. Nicht in Frage kommt bei May das dramatische Stimmungsmittel des Monologs, und ebenso wenig haben wir uns hier um die idealistische Richtung zu kümmern, welche auch die Gedanken der auftretenden Personen als dem Schriftsteller bekannt ansieht. Eine Ausnahme bildet natürlich die Ichpersönlichkeit des Erzählers, Mays, als mitwirkenden Charakters selbst.

Die Frage nun, ob Mays Charaktergestalten als Kopien realer Personen anzusehen sind oder als Produkte seiner schriftstellerischen Schöpferkraft, fällt mit der unten behandelten Frage nach dem Wahrheitsgehalt seiner Schriften zusammen. Zweifellos liegen bei der Charakterzeichnung, wie in jeder Hinsicht, Umformungen vor, seien es Vertiefungen und Erweiterungen zum Typus oder Symbol (s. nächstes Kapitel), seien es sonstige zweckdienliche Modifikationen.

Die weitere Frage, ob die von May dargestellten Charaktere glücklich gewählt sind, erübrigt vollends eine eingehende Beantwortung. Sie muß dem individuellen Geschmack eines jeden Lesers überlassen bleiben; denn da die Charaktere ein unlösbar integrierender Bestandteil der ganzen Werke sind, so koinzidiert diese Frage mit der allgemeinen, ob dem Leser die Schriften Mays interessant, anziehend erscheinen oder nicht.

Ebenso wollen wir eine dritte Frage aus unserer Erörterung ausscheiden — die, ob die Charaktere der Reiseerzählungen real möglich sind oder nicht. Eine kompetente Antwort könnte nur von einem Ethnologen oder Forschungsreisenden gegeben werden. Immerhin dürfen wir, soweit unsere Laienkenntnis reicht, gewiß behaupten, daß uns keine wesentlichen Bedenken aufstoßen.

Die Frage dagegen, ob May die Charaktere stets ohne innere Widersprüche, in konsequenter Aeußerungsform hingestellt hat, können wir nur zum Teil bejahen, mag es sich um eine Wechselwirkung zwischen einem Menschen mit stabilem, unveränderlichen Charakter und seiner Umgebung, oder um die Entwicklung eines Charakters nach immanenten Gesetzen, oder um eine Aenderung der Wesenheit, die unter dem Druck übermächtiger äußerer Geschehnisse erfolgt, handeln.

Lassen wir den Inhalt der 30 Bände Reiseerzählungen an uns vorüberziehen, so tritt uns eine schier unübersehbare Fülle von Gestalten entgegen. Wir dürfen und müssen uns begnügen, einige wenige herauszugreifen, zumal wir schon viele unter dem Titel humoristischer Figuren gewürdigt haben und die Hauptcharaktere neben May, vor allem Halef und Winnetou, im folgenden Kapitel zu betrachten sind.

Bedenken hinsichtlich konsequenter Zeichnung erregt der Reïs Effendina (26—28); zum mindesten ist der

Umschlag in dem Benehmen dieses Mannes gegen May nicht mit genügender Deutlichkeit motiviert. Das Gleiche ist von der Gestalt Old Wabbles zu sagen (14; 15; 19). Es ist nicht ersichtlich, warum dieser geachtete „King of the Cowboys" plötzlich zum Diebe wird und Old Shatterhand dann mit grimmem Haß verfolgt. Schroffer noch treten die Widersprüche in der Zeichnung des Tifl und der Pekala hervor, besonders in der des ersteren, der einmal klug, ein andermal dumm, einmal gut, ein andermal schlecht genannt wird, ein Hinundher, das uns auch durch den Hinweis auf die Doppelnatur des Menschen nicht deutlicher wird (28, 29). — Die größten Widersprüche finden sich in den Anschauungen, welche den Charakter der Hauptperson, des Erzählers, ausmachen: Er behauptet, nie die Unwahrheit zu sagen[1]), und lügt[2]); er wettert an vielen Stellen gegen die

Nur wenige Beispiele von vielen:

[1]) „Old Shatterhand ist das gefährlichste der Bleichgesichter und mein ärgster Feind; aber er hat nie mit zwei Zungen gesprochen" (9. 547). Ebenso sagt May von sich selbst: „Kara ben Nemsi lügt nie" (18. 429; vergl. 26. 262).

[2]) „Wir logen eben beide einander herzhaft an" (6. 215).

„Von Chartum, antwortete ich, gezwungen, die Unwahrheit zu sagen" (17. 119).

„Ich hatte zwei Messer mit, log ich" (17. 549).

Diese und ähnliche Stellen sind natürlich durch die Umstände bedingt, welche die Erzählung mit sich bringt; sie harmonieren aber nicht mit dem ethischen Charakter der Ichpersönlichkeit. May hilft sich in einem solchen Falle mit der Erklärung: „Jetzt muß ich gestehen, daß die Umstände mich zwangen, mich leider auf die Lüge zu verlegen; man wird mich damit entschuldigen, daß es

Zufallgläubigen[1]) und gebraucht nichtsahnend dieses verfehmte Wort bei zahllosen Gelegenheiten[2]); er schont ängstlich das Leben seiner ärgsten Feinde[3]), knallt aber

geradezu Wahnsinn gewesen wäre, die Wahrheit zu sagen. Ich gehöre übrigens zu den Menschen, welche zwischen Lüge und Unwahrheit ebenso einen Unterschied machen, wie zwischen List und Hinterlist" (18. 505). Wie ist damit das Folgende zu vereinen? — „Erstens sage ich niemals eine Lüge, selbst wenn sie mir das Leben retten könnte ... Die Hauptsache ist, daß ich mich vor mir schämen müßte, wenn ich euch die Unwahrheit gesagt hätte ... Es gibt keine Not, welche die Lüge rechtfertigt, denn die Lüge ist die größte und entsetzlichste Not, an der die Menschen leiden" (28. 375/6). Identifiziert May seine eigene Meinung mit diesen Worten Kara ben Halefs? Ja! Vergl. 28. 438/441 und 530/1.

[1]) „Ich las das Verzeichnis während des Reitens und mußte dabei wieder einmal eine jener höheren Fügungen bewundern, welche der Zweifler Zufall zu nennen pflegt" (9. 117).

„Wie viele Taten würden nicht geschehen und wie viele Worte würden nicht gesprochen, wenn alle Menschen der Ueberzeugung wären, daß alles, was sie erleben, reden oder tun, nicht unter der Herrschaft des sogenannten Zufalles steht, sondern einem höheren, weisen Gesetze, welches ebenso die Sonnen am Firmamente wie den Flug des kleinsten Käfers lenkt! Zufall oder Schickung? Auf diese Frage soll das, was ich jetzt erzählen will, die Antwort geben, daß alles, was man einen Zufall nennt, nicht Zufall, sondern eine Wirkung dieses Gesetzes ist" (23. 324; ferner 4. 361; 18. 377/9; 24. 271; besonders 26. 267; 545; 30. 144/5).

[2]) „Daß der Barbier aus Jüterbog diesen Mann kannte, war ein ganz staunenswerter Zufall" (1. 159).

„Es ist auch wirklich nur ein Zufall, daß wir uns hier befinden" (6. 322). Ebenso 2. 90; 3. 634; 4. 348; 539; 5. 439; 6. 115; 7. 23; 226; 599; 602; 610 und so fort bis Band 30. 5; 93; 560. Ebenso preist er das „Glück", z. B. 28. 83; 85.

[3]) Beispiele unnötig.

doch gar manchen, der ihm im Wege ist, nieder, oder erzählt ruhig, wie andere die größten Grausamkeiten vollführen, quält seine Mitmenschen auch wohl selbst und denkt sich nichts dabei [1]).

Doch wenn auch die Konsequenz nicht immer strikt innegehalten wird, dies müssen wir rühmend anerkennen: die Charaktere erscheinen stets originell, eigenartig, in sich abgeschlossen. Natürlich hat May nicht eine jede der unendlich vielen von ihm geschilderten Personen mit gleicher Ausführlichkeit behandelt und behandeln können. Manche Figuren gehen schnell an unserem Auge vorüber, um nicht wiederzukehren; andere werden nur als Statisten benutzt, die wenig Einfluß auf die innere oder äußere Handlung ausüben und daher auch selbst nicht besonders markiert hervortreten können;

---

[1]) 5. 273/8; 7. 284; 8. 450; 481; 490; 496; 542; 546; 9. 40; 10. 106; 125; 152; 17. 187/96; 20. 102; 23. 100; 106; 142; 189; 24. 605; 27. 339. Von Interesse ist auch 16. 464/5. Eine Folter à la Mittelalter wendet May gegen den Yerno an (13. 320 ff.). Maßlos blutige Indianerschlächtereien werden 15. 404 (ibid. 169 zu vergleichen) geschildert, die darin gipfeln, daß der feindliche Häuptling bei lebendigem Leibe skalpiert und dann den Alligatoren vorgeworfen wird. Sind solche Roheiten Mays würdig? Und doch lesen wir von einem ähnlichen Morde 17. 343.

Der unchristliche Gedanke an Rache tritt auf 9. 503; 627. Schlimmer kommt es 22. 89/90: „Nun verfolgten wir sie, weil wir die Verbrannten noch zu rächen hatten. Der vierfache Mord schrie zum Himmel auf; er mußte gerächt werden, und wir haben ihn gerächt. Vier hatten wir schon erschossen; am folgenden Tage gab es andere vier; einen Tag später wieder drei . . .“ bis Winnetou und May es auf dreizehn gebracht haben!

manche wachsen über ein flüchtiges Eingreifen hinaus; einige kehren immer wieder. Aber in jedem Fall haben wir Erscheinungen von klarer Realität vor uns, nirgends ein Duplikat, nirgends Nebelgestalten mit verschwommenen Grenzlinien, sondern scharf umrissene Individualitäten, mit denen der, der sich überhaupt für Mays Schreibweise erwärmt, fühlen kann und fühlen muß, oder von denen er sich mit bewußtem Widerwillen abwendet.

Typische und symbolische Elemente.

Das im vorigen Kapitel Gesagte mag über Mays Kunst der Charakterschilderung genügen; es wäre unnötig oder vielmehr geradezu unrichtig, die kritische Sonde in diese Frage noch tiefer zu senken. Es würde ein Schuß ins Blaue sein; denn der Zielpunkt und Schwerpunkt der Sache liegt an einer ganz anderen Stelle verborgen. — Es ist oben ausgeführt worden, daß Mays Reiseerzählungen keine Unterhaltungsschriften sein sollen, sondern daß sie eine didaktische Tendenz verfolgen. Mit dem erzieherischen Bestreben Mays hängt es nun aufs innigste zusammen, daß er sich nicht begnügt, Romanfiguren zu zeichnen, Charaktere, wie sie das Leben bringen mag, reden und handeln zu lassen. Seine ethisch-religiöse Tendenz veranlaßt ihn dazu, seine Gestalten zu Trägern von Ideen zu machen, von Ideen, welche die Schranken eines Individuums überschreiten, welche als unsichtbare Willensfluida Völker und Zeiten durchströmen und beherrschen. So erweitern sich die Individualcharaktere zu Typen von Charakterklassen, und Gestalten wie Halef und Hanneh sind anzusehen als personifizierte Konzentrationen von Gruppenideen und Gruppenidealen. Von Gruppenidealen, sage ich, denn Halef ist nicht allein die summierte Quintessenz der hervorstechendsten Charaktermerkmale, die sich bei den Orientalen finden, sondern er stellt eine Entwicklung dar zu einem ethischen Ideal; es wird an ihm gezeigt, was der Orient werden kann an der Hand des kulturell höherstehenden Occidentes; er ist im Nietzscheschen Sinne ein Vorgefühl des Uebermenschen, wie er sich aus dem orientalischen Menschen der degenerierten Jetztzeit entwickeln könnte; er ist ein Wurf über das Gegenwärtige hinaus. Ihm zur Seite steht Hanneh, seine Gattin, einst die wilde, rachsüchtige Tochter der Wüste; unter dem Einflusse Kara ben Nemsis (Mays), der Personifikation des christlichen Ethos, kommt sie zur Erkenntnis ihrer Seele, die der Islam ihr abspricht. Sie wird sich ihrer bewußt, sie ringt nach Erlösung von den Banden des Muhammedanismus und des vertierenden Harems. Sie wird zur „Seele des weiblichen Geschlechtes, die aus der Höhe niederstieg, um Geist in Seele zu verwandeln" (28. 303). Sie ist kein Charakter mehr mit eigenen kleinen Wünschen, die dem anderen fremd und gleichgültig wären, sondern die typische Verkörperung einer allgemeinen, wenn auch in der Jetztzeit wohl nur von wenigen Frauen des Orients klar empfundenen Idee, die wir bei uns mit dem verlästerten Namen Frauenemanzipation belegen, jener

Idee, die, obwohl oft von lächerlichem Flitter verhängt, doch als edlen Kern den unbesiegbaren Trieb des Menschengeistes in sich trägt — den Trieb zur Freiheit der Sonnenhöhe des Uebermenschen im Goetheschen Sinne.

Wie die drei Gestalten Bothwell, Lindsay, Raffley drei hervorstechende Merkmale des englischen Volkscharakters darstellen, so erscheint neben dem schon genannten Araberpaare Halef und Hanneh eine dritte Seite des orientalischen Wesens, und zwar die religiöse, in Omar (Bd. 30), der sich aus der naiven Beschränktheit des Arabers zu einem hochherzigen, weitsichtigen Menschentum durchringt. In bezug auf diese Person spricht May sich deutlich in den Worten, welche er Lord Raffley in den Mund legt, über sein Streben nach typischer Gestaltung aus: „Sejjid Omar! Er lebt; er ist da; er ist euer Diener. Ihr macht keine Lüge, wenn ihr das in euern Büchern schreibt. Und was ihr von ihm erzählt, ist wahr, ist wirklich geschehen. Aber ihr habt es nicht auf seinen Körper abgesehen, sondern auf das, was diesen Körper aus der Rasse, dem Stamm und der Familie heraus zum Sejjid Omar gebildet hat. Das ist der Geist, die Seele, also der innere Mensch, der innere Araber, der innere Sejjid Omar. Arabische Körper kann man zu Tausenden sehen. Um aber grad diesen Sejjid herausfinden zu können, hat der Körper zu verschwinden. Dann erscheint Omar sofort in seiner ganz besonderen, nur ihm eigentümlichen Gestalt. Und diese, nur diese Gestalt, die geistige, wird von euch für die Leser eurer Bücher materialisiert" (30. 365). Und wie erscheint nun dieser Rassentypus? „Ganz wie der Islam, seine Religion! Ein lieber, guter Mensch, im tiefsten Grunde ernst gestimmt, doch äußerlich stets heiter. Für das Hohe, Edle ungemein empfänglich, und doch stets mit dem Kleinen, Gewöhnlichen beschäftigt. Im Kopfe eine erstaunliche Fülle von Ausdrücken, von Worten, deren Sinn und Geist er aber nicht begreift. Fromm von Geburt — ich betone das ganz besonders —, religiös durch die Gewohnheit, würde er sehr leicht für den einzig wahren Glauben zu gewinnen sein, wenn dieser nicht in abendländisch enge, faltenlose Formen gekleidet wäre . . . ." (30. 418). Der Zweck, den May dabei verfolgt, die ethische Erziehung zur vorurteilslosen Gerechtigkeit gegen den Orient, werden wir unten näher zu betrachten haben („Christentum"). Ein Gleiches sehen wir in den Reiseerzählungen, welche Nordamerika zum Schauplatz haben; dort sucht der Verfasser unsere Achtung und unser Mitleid für die untergehende indianische Rasse zu erwecken, indem er uns den Apatschenhäuptling Winnetou als Personifikation der edelsten Eigenschaften der uramerikanischen Volksseele vor Augen führt.

Das eben gezeigte Bestreben, Charaktere von Einzelpersonen zu Typen von Charaktergruppen oder, mehr noch, zu kombinierten Reflexen völkerpsychologischer Beobachtungen zu formen, schreitet fort zu der Schilderung von Personen, die uns ein Doppelgesicht zeigen, eine real-menschliche Individualität und eine symbolische Gewandung, welche andere Personen oder Seiten ihres Wesens, andere Gruppentypen, andere Ideenpersonifikationen in sich verbirgt. „Der wahre Künstler", sagt May, „hat stets eigene Gedanken. Er bildet niemals nach, selbst wenn er porträtiert. Er schafft dem vorhandenen Körper Geist und Seele. Und ist er nicht bloß Talent, sondern auch Genie, so schafft er auch die gegebene Gestalt vollständig um, ohne daß gewöhnliche Augen es bemerken, und läßt uns, einem Zauberer gleich, dann Wesen sehen, welche zwar vollständig berechtigt sind, der Wirklichkeit anzugehören, aber in der Sprache ganz anderer höherer Welten zu uns reden" (30. 370).

Es darf nun nicht gedacht werden, daß die Stufen: Charakter, Typus, Symbol — eine zeitliche Entwicklung seien, in dem Sinne, daß May zuerst Charaktere dargestellt habe, dann sie zum Typus erweitert und schließlich zum Kunstmittel der Symbolik gegriffen habe, um gewisse Tendenzen zu verkörpern. Die Dinge liegen vielmehr so, daß die Symbolik schon in der idealisierenden Vertiefung der Gestalten Old Shatterhand und Kara ben Nemsi als ethischer Charaktere, sowie in dem Volkstypus Halef Omar beruht. Im Verhältnis zur schriftstellerischen Ausreifung Mays erscheint auch seine Auffassung von der Charakterschilderung bereichert; aber die symbolisierenden Formen nehmen in den letzten

Bänden überhand, entflossen einer bei dem alternden Schriftsteller — eine nicht seltene Erscheinung — sich mehr und mehr vertiefenden Neigung zur Mystik.

Ueber das symbolische Element in den letzten Bänden ließe sich allein ein Buch schreiben; wir müssen uns deshalb auf die wesentlichsten Punkte hinsichtlich Form, Ideengehalt und Tendenz beschränken.

Die Form. Das Kunstmittel des Symbolismus und das der allegorischen Darstellung — es sei mir, um die ohnehin verzwickte Sache nicht noch mehr zu erschweren, gestattet, über die zwischen beiden liegende Bedeutungsgrenze[1]) hinweg zu sehen und den erstgenannten Ausdruck auf alles hier in Frage kommende anzuwenden — ich wiederhole, das Kunstmittel des Symbolismus ist seinem Charakter nach ein Darstellungsmodus, bei dem die Gedanken nicht an der Oberfläche liegen und durch Nachdenken, das die umhüllende Schale zu durchleuchten versteht, erschlossen werden müssen. So sehr der Schriftsteller, der der Ueberzeugung sein darf, uns

[1]) Vergl. darüber Bielschowsky, Goethe II p. 625: „Symbolisch heißt nicht allegorisch. Dem Allegorischen fehlt es an Leben, an Fleisch und Blut, an Eigenexistenz, es ist nur etwas als Zeichen, das Bild ist Nebensache, das, was es bedeutet, alles, und daher ist Allegorie Sache der Reflexion, ist schlechte Poesie. Dagegen ist gerade die echte Poesie symbolisch: zuerst das anschauliche Bild, etwas für sich, ein rundes, ganzes, volles Individuum; aber daneben noch etwas, was darin liegt und darüber hinausragt, ein Höheres und Allgemeineres, das aber nicht künstlich und reflexionsmäßig hinzugetan wird, sondern natürlich, notwendig daraus hervorwächst."

wirkliche Werte zu bieten, von uns, den Lesern, verlangen darf, daß wir uns mit suchender Liebe und eifriger Mühe in seine Werke vertiefen, ohne gleich zu ermüden, wenn die Früchte unseres Forschens sich als spätreife und schwer zu erlangende erweisen — ebenso müssen wir von ihm fordern, daß er uns von Anfang an klar und deutlich zu verstehen gibt, daß wir unter den in leichten Wellen dahin ziehenden Stromspiegel hinabsteigen sollen, um die Goldkörner seiner Gedanken aus der Tiefe zu fördern, uns zu dauerndem Besitz. Ein Genius, welcher Worte der Ewigkeit zu sagen hat, wie Goethe, mag in sein Lebenswerk tiefe Rätsel hineingeheimnissen, die nur durch die Gedankenarbeit von Generationen ans Licht gebracht werden mögen; doch selbst Goethe hat es gesagt, deutlich gesagt, daß man den Faust wohl nie ganz würde enträtseln können. Oder nehmen wir einen anderen Dichter und Denker des letzten Jahrhunderts, Nietzsche. Wer seinen Zarathustra öffnet, erkennt bereits an der Sprache, daß ihm hier geistige Kost geboten wird, deren er nur durch intensive Tätigkeit des Verstandes und mehr noch der erratenden Phantasie genießen kann. Und May? Hat er uns so erhabene oder neue Werte zu bieten wie Goethe oder Nietzsche? Gewiß nicht. Sind seine Werke geschrieben für die Aristokraten des Geistes oder nicht vielmehr für die Massen des Volkes, die er erziehen will? Kann es denn anders sein, als daß Schriften, die den Tenor von Jugendschriften tragen, Schriften, die in wenig poetischer, ganz unphilosophischer — das Wort im weitesten Sinne genommen —, durchaus populärer Weise die tausendmal gehörten Wahrheiten des Christentums verkünden, als Erzählungsschriften, wenn auch von religiösem, ethischem Gehalt erfüllte, erscheinen, und als weiter nichts? Er aber beklagt sich bitter darüber, daß man ihn so wenig verstanden habe: „Ich schrieb eine Menge Bücher. Ich ließ mein »Ich« in ihnen sprechen. Ich wurde nicht verstanden. Ich gab das Köstlichste, was es auf Erden gibt, in irdenem Gefäß. Ich füllte diese Schalen mit einem Rätsel an und ließ die Menschheit trinken. Es tranken Hunderttausende daraus, doch allen war der Trank nichts als nur Wasser. Die Schale täuschte alle! Ich hatte es den Menschen zu bequem gemacht. Man trank gedankenlos und lachte mich dann aus. Das ist der große Fehler, den ich mir vorzuwerfen habe, weiter nichts! Der Sterbliche trinkt lieber Sumpfwasser aus goldenen Gefäßen, als Himmelsnektar aus nur irdenen. Da stieg in mir ein heißes Wallen auf. Es griff ein heiliger, wenn auch stiller Zorn in meine Seele. Nicht daß ich diese irdenen Gefäße nun zertrümmerte, o nein! Ich nahm mir vor, nun goldene zu geben, doch mit demselben Trank, den man für Wasser hielt. Ich habe mir das Gold dazu auf diesem Ritt geholt, der mich zum geistigen Haupt der Dschamikun geführt. Du ahnst wohl nicht, wo ich hier suchte und wo ich es fand. Von heute an werde ich im »hohen Hause« schreiben — — — ganz anders als bisher. Und hat man es erkannt, wie töricht man einst war, so wird man dann zurück nach jenen Schalen greifen, die man zur Seite stellte. Dann leben meine alten Werke auf. Man wird sie mit ganz andern Augen lesen; die Seele tritt hervor, die tief in ihnen lebt" (!). So steht's 29. 70; womit zu vergleichen ibid. 159. May gibt in dieser für die Leser nicht sehr schmeichelhaften Expektoration zu, mit dem System der Geheimnistuerei einen Fehler begangen zu haben; aber zu einer wirklichen, objektiven Erkenntnis seines Fehlers scheint er nicht gekommen zu sein; denn gerade der 29. Band und fast in demselben Grade der 30. bringen eine solche Fülle von dunklen symbolischen Figuren, daß selbst das eifrigste Durchdenken, Kombinieren, Vergleichen nur zu unsicheren Deutungsergebnissen zu führen vermag. Jedem Schriftsteller, zumal einem Schriftsteller der Tendenz, muß daran liegen, verstanden zu werden. Keineswegs ist es notwendig, daß er uns alle seine Ideen auf der flachen Hand entgegentrage; aber, wenn wir auch zugeben, daß die letzten Bände (i. e. 28, 29 und 30 — alles andere überhaupt nicht) den Stempel verbergender Symbolik erkennbar tragen, so gibt der Verfasser uns doch kaum eine Handhabe, wie die Personen zu deuten sind; er steckt uns keine Grenze für die Erschließung des Rätselhaften und läßt so Tür und Tor offen für die wagehalsigsten Vermutungen. Unbedingt klar ist nur das eine, daß Band 29 eine Summierung seines Wirkens und eine Abrechnung mit den Gegnern sein soll. Die Aufschlüsse über seine Lebensarbeit sind uns für die Beurteilung dieser und der Wesenheit des Schriftstellers, wie des Menschen May wertvoll; aber jene Kritik der Kritiker finde ich geschmacklos, schwächlich und kleinlich. Ein hartes Urteil, das ich erklären werde.

Wenn Max Dittrich („Karl May und seine Schriften", Dresden 1904,) mit seiner Behauptung Recht hat, daß May in verleumderischer und gehässiger Weise[1]) beson-

[1]) Insbesondere ist behauptet worden, May habe Anfang der 80er Jahre neben sittlich einwandfreien Reiseromanen auch pornographische Schundromane geschrieben. Demgegenüber hat May die Erklärung abgegeben, daß jene indezenten Arbeiten aus Schriften, die er in gleicher sittlicher Qualität verfaßt habe, von dem Verleger Münchmeyer ohne sein, Mays, Wissen zurechtgemacht seien.

Es ist dazu zu bemerken, daß diese Romane — die beigegebenen Illustrationen verraten durch ihre Pikanterie mit hinreichender Deutlichkeit, worauf der Verleger spekuliert — vielfach Gestalten und Begebenheiten aufweisen, die an Mays Schreibweise erinnern, daß aber hier nicht allein sinnliche Charaktere und Situationen hineinjongliert erscheinen, sondern, daß die ganzen Arbeiten offenbar zu den Zwecken und im Sinne des Verlegers von einem wohl für Dienstbotengeschmack routinierten, aber sonst in jeder Hinsicht geistlosen Schriftsteller umgeändert und zu literarischem Schund schlimmster Observanz entstellt worden sind. Ich konstatiere hier dasselbe, was ich von der ebenso sinnlosen Behauptung, May habe alle seine „Reiseerlebnisse" erfunden, sei nie in Amerika gewesen usw., gesagt habe, daß nämlich May viel zu arm an Phantasie ist, als daß er sich das alles aus den Fingern hätte saugen können. Aehnlich hier; denn muß man auch den in Frage kommenden Romanen — Titel nenne ich absichtlich nicht — jeden Geist und Geschmack absprechen, Phantasie, blühende Phantasie in Spannungseffekten, Lüsternheiten und allerhand Theatermache entwickeln sie in überraschender Weise. Ich sage nicht, daß May diese Bücher nicht geschrieben hat; ich sage, daß er sie beim besten Willen nicht hätte schreiben *können*.

ders von einem Teile der katholischen Presse angegriffen worden ist, so kann man es ihm nicht verdenken, daß er sich mit scharfen Waffen dagegen wehrt — aber er hätte es in anderer Weise und an anderer Stelle tun sollen. May selbst wird seine Werke doch wohl als Kunstwerke ansehen, und in ein solches gehören dergleichen unerfreuliche persönliche Ergüsse nicht. Deshalb nenne ich dieses Verfahren geschmacklos. Nach meiner Anschauung hätte May besser getan, wenn er eine Schrift herausgegeben hätte, etwa mit dem nicht mißzuverstehenden Titel „Gegen meine Feinde", und darin mit klaren, kernigen Worten alle Gegner abgetan hätte. Das hier geübte Verkriechen unter die symbolische Tarnkappe dagegen erscheint schwächlich. Zudem ist es kleinlich; denn in dem ganzen Buche würgt der Schriftsteller an dem Gift der Gegnerschaft. Er schaut mit souveräner Verachtung auf seine Antagonisten herab und kann doch nicht darüber hinwegkommen, obwohl er die Feinde in mehr oder minder deutlicher Weise mit Dorfjungen (29. 378/82), mit Schatten (29. 75/90) und in wenig appetitlichem Bilde mit Maden vergleicht (28. 486/91; 632/3). Eine Andeutung, daß wir es mit symbolisch zu fassenden Gestalten zu tun haben, macht May 29. 126: „Er (der Ustad) liebte es in Bildern zu sprechen. Wer ihn verstehen wollte, hatte nachzudenken. So auch hier. Wen oder was meinte er mit den Dschamikun, denen sein ganzes Herz gehörte? Wo lag oder liegt wohl der Duar, über den die „Glocken des Gebetes" für jeden

Wunsch erklangen? in Persien? Ich will es nicht verraten. Die Folge wird es zeigen!" (vergl. auch 29. 73/5). Deutlicher wird er erst 29. 185, wo er dem Ustad — wer weiß gleich, daß er damit sich selbst meint? — den Rat gibt: „Selbst die, welche an dir hangen, verstehen dich meist falsch; denn es erfordert Gedankenewigkeiten, bevor sie lernen, durch das Wort und die Gestalt hindurch den Sinn, den Geist, die Seele zu erfassen . . . Schreibe, wie du ja wolltest, mit deiner Geisterhand . . . Versuche es, deinen Lesern ins Körperliche zu übersetzen, was Geist, was Seele ist . . . Zeige ihnen einmal ein volles Menschen-Ich, von dessen Wesen sie trotz aller Psychologie noch keine Ahnung haben. Zerlege es vor ihren Augen in deutliche Gestalten . . . Man sieht das nicht, was du beschreibst, und denkt darum, du redest nur von körperlichen Dingen." — Aber auch das sind ganz allgemeine Bemerkungen. —

Unter der Voraussetzung nun, daß die in Bd. 28 und 29 auftretenden Personen tatsächlich Symbole universaler Natur sind, und der Verfasser nicht reale Persönlichkeiten seiner ihm wohl- oder übelwollenden Bekanntschaft in ihnen verborgen hat, sei ein Versuch gemacht, die Hauptgestalten zu deuten. Der Mayleser möge sich selbst ein Urteil bilden, ob die Erklärung zutreffend erscheint, oder ob eine andere wahrscheinlicher ist.

Der Schah ist Gott (29. 120; 254; 362; 396; 402/6; 441/3; 501). Sein liebstes edelstes Pferd ist Syrr, das „Geheimnis" zu deutsch. Ich verstehe darunter das „Roß mit der Funkenmähne", die Poesie, das heißt jene Poesie, die allein für May existiert, jenes ideale innere Erleben, das die religiöse Mystik — deshalb „Geheimnis" — zum Grundcharakter und zugleich zur Aeußerungsform hat, jene geistige Kraft, welche May wohl als eine Offenbarung ansieht, die ihn über sein früheres Wirken hinaushebt. Diese Abschnitte seiner inneren Entwickelung erscheinen versinnbildlicht in den drei Pferden Rih, Assil ben Rih und Syrr. Hierüber vergl. 28. 257; 29. 473 (oben) und 29. 544/6, wo die Beschreibung des Wettrennens zwischen Syrr, Assil ben Rih und Ghalib mit den vielsagenden Worten geschlossen wird: „So leicht, so schnell kommt der Mensch vom Bösen auf das Gute, wenn er die Kräfte zu benutzen weiß, die ihn nach oben und heim zu tragen haben." Der Beweis für die symbolische Bedeutung der Pferde findet sich m. E. 29. 579: „Irre dich nicht! Wir haben nur gesagt, Pferd gegen Pferd und Kamel gegen Kamel; aber wer die sind, die sich eigentlich und in Wahrheit hinter diesen Tieren gegenüberstehen, das scheinst du nicht zu wissen!" Ueber Syrr besonders siehe 29. 149/152; 208; 403/17; 458/61; 467/74; 507/9; 523/4; 530. Der Syrr wird dem Dichter, so dürfen wir May hier wohl nennen, von Dschafar Mirza überbracht. Sollen wir diesen, dessen Ehrentitel „Gehorsam" ist (29. 479), als den Glauben fassen? Oder als das freie Christentum, das sich keiner Kirche, keiner Konfession ein- oder unterordnet, sondern nur Gott ohne Mittelsperson innig anhangen will? Denn: „Er hat kein besonderes Amt. Er verzichtet auf alle Ehren und Würden. Er will sich nicht unter die reihen lassen, welche angeben, die Diener des Beherrschers zu sein, und in Wirklichkeit nur seine Gegner sind. Aber er hat ihm sein ganzes Leben und seine ganze Kraft geweiht, und wo es gilt, das Volk von der Güte und von der Gerechtigkeit seines Herrn zu überzeugen, da ist er stets vorhanden“ (29. 109/10; 398/408; 443/8; 480). Dschafar ist der Freund des Ustad, der die geistige Macht über die Dschamikun in Händen hält. Wenn nicht alles täuscht, dürfen wir im Ustad ein Abbild Mays als des von der Weisheit und Ethik des Orients erfüllten Denker-Schriftstellers erblicken, während May selbst in den Zwiegesprächen mit jenem als der gereifte Mann erscheint, der die Welt in sich und die Welt außer sich überwunden hat. Andererseits ist May das Menschen-Ich und der Ustad (28. 192; 274/6; 295; 549; 555/8; 29. 117/9; 124/5; 154/186; daraus besonders 159; 191/7; 260; 314; 325/6; 522/3, um nur wenige treffende Stellen zu nennen) — der „Geist“ im Gegensatze zu Schakara, der „Seele“, dem „unbewußten Wissen“ (29. 384), dem „Gottessonnenstrahl“ (28. 170), die auch als die „körpergewordene Reinheit der Frauenseele“ der Khanum Gul als der sündigen Sinnlichkeit gegenübertritt (29. 551/3). Ueber Schakara siehe 28. 264; 268; 29. 206/220; besonders 219; ferner 258/9; 387/9; 395; 505/6. Sie ist die Schülerin der uralten Marah Durimeh (bereits

Bd. 2 auftretend), die, einst eine Königin, jetzt in ärmlichen Gewändern durch die Lande zieht, aber mit wunderbarer Macht über die Herzen begabt, von allen geliebt wird und im Geheimen unermeßlich viel Gutes schafft — die reine christliche Ethik, die sich nicht in lahmen Worten, sondern in wirkender Tat äußert, die Liebe, die den Urgrund der „Menschheitsseele" (vergl. Karl May, „Babel und Bibel", Freiburg, 1906) bildet (28. 557; sowie an den für Schakara angegebenen Stellen). Wie der Ustad die geistige, so hat der Pedehr die weltliche Macht über die Dschamikun in Händen. Ich definiere ihn als Personifikation der Tätigkeit Mays als Reiseschriftsteller, Verfasser der sogenannten Jugendschriften, „aus denen die Fluten einer unbekannten seelischen Welt hervorbrechen" (28. 169). Ueber ihn siehe 28. 168/75; 242; 270; 295; 321; 624/7. Die Dschamikun endlich sind die von Ustad-May geistig beeinflußten Leser, die Maygemeinde (28. 192/3; 29. 180/1; 559; 561/2).

May, bezw. dem Ustad und seinen Dschamikun, droht nun eine doppelte Gefahr — von Seiten des Ahriman Mirza und des Scheik ul Islam. An mehreren Stellen der ersten beiden Bände des Zyklus „Im Reiche des silbernen Löwen" erzählt May, wie er mit einem Geheimbunde, den Sillan (Schatten), in Feindschaft gerät. Band 28 p. 585 tritt dann der Aemir-i-Sillan (= Ahriman Mirza), der Oberste der „Schatten", selbst auf. Eine ungemein wirkungsvolle

Gestalt. Ueber ihn äußert sich May mit ziemlicher Klarheit: „Ahriman, der geistige „Weltzerstörer", der mit dem niedern Sinn der blinden Masse kost, um alles ihm Verhaßte zu vernichten." Er nennt ihn „Den Mirza mit dem falschen Prunkgeschmeide. Den Geist der nachgemachten Edelsteine, mit deren Flimmern er der Menge imponiert. Den wohlgesinnten Schmeicheldemokraten, in Wahrheit aber krasser Demagog. Den treuen Förderer des öffentlichen Wohles, der aber nur sein eigenes erstrebt. Den immer hilfsbereiten Volkserbarmer, der aber dieses seines Volkes Seele mit egoistischer Berechnung niedertritt. Den anerkannten Feind und Richter jeder Lüge, der aber doch, sobald sie ihm nur paßt, grad vorzugsweise sie in seinem Stalle züchtet." (29. 115; vergl. auch 130; 140/8; 537/40).

Die zweite Gefahr droht dem Lande der Dschamikun — lies: dem Wirken Mays — vom Scheik ul Islam. Es dürfte keinem Zweifel unterliegen, daß in ihm, als einer kirchlichen Gestalt, der unserm Schriftsteller feindliche Teil der katholischen Presse verkörpert werden soll. Man vergleiche 29. 236/41; 249; 264/297; 446/7; 500/1 und 561. Diese beiden, der Scheik ul Islam und Ahriman Mirza stehen einander als unversöhnliche Feinde gegenüber, verbinden sich aber doch, um die Dschamikun aus ihrem Lande zu vertreiben, damit es „mit dieser gefährlichsten Art des Christentums für immer aus sei" (29. 285), darauf die Massaban (die oberflächlichen, unverständigen Leser, die nur nach nichtiger „Unterhaltung" gieren, s. 29. 140/8; 495) wieder hineinzubringen und dann die Herrschaft des Schahs zu vernichten. Abgesehen von einem Dialoge, in welchem beide ihre Stellungnahme entwickeln (29. 479/496), werden sie folgendermaßen charakterisiert: „Beide Heerlager wollen sich vereinigen und hier bei uns beginnen. Welch eine Vereinigung! Die Frommen mit den Gottesleugnern, die Grundehrlichen mit den Fälschern und Betrügern, die Auserwählten Gottes mit den Auserkorenen des Teufels! Die einen haben sich stets als die Aristokraten des Glaubens und der Religiosität und die anderen als Farmasonha (Freimaurer), als niedere Demokraten, als ketzerisches Gesindel bezeichnet; nun aber schließen sie mit ihnen Bruderbund, um sie zum Dank dann anzuspein und wieder wegzuwerfen!" (29. 447/8). Die Bedeutung des Scheiks ist nicht zu verkennen, wenn man andere Gestalten dagegenhält, wie die des Aschyk, eines literarischen Spiones (29. 356/63; 371/6; 425/38; 499/502); des Ghulam el Multasim, eines literarischen Gegners (28. 473/4; 518 ff.; 29. 62; 160; 368; 479/83; 521/2; 569/70; 571/82); des Reiters des Kiß-i-Darr (Schundroman), in dem May die Entstellung seiner Werke geißeln will (29. 454; 462/4; 569; 571/9); sowie der Takikurden, die „in Beziehung auf den Glauben gegen andere sehr streng sind" (29. 230; 249; 279; 285; 294/5; 485; 489; 495; 496; 533; 542/3; 547). — Von Tifl und Pekala als Charaktergestalten war bereits die Rede.

Das über Band 28 und 29 Ausgeführte mag zur Beleuchtung der symbolischen Verkleidung, wie sie in den letzten Bänden auftritt, genügen. Ein Eingehen auf Band 30 — insbesondere die Trinität „Yin" (Schiff, Bild, Weib, vergl. p. 433) — möchte ich unterlassen, da nach der Angabe des Verfassers dieser Band den ersten Teil eines Zyklus darstellt, den man erst als Ganzes kennen müßte, um jenen klar deuten zu können. Nur über den 29. 314/352 erzählten Traum mag noch eine Betrachtung, freilich problematischer Natur, folgen.

Der Traum stellt in mystisch-spiritistischer, aber doch gedankentiefer und ergreifender Weise das Ringen Mays um den Glauben dar. — Im Lande der Dschamikun ragen uralte Bauten empor, ein Stockwerk auf das andere getürmt. In ihnen sieht der Schriftsteller die Weltanschauungen in historischer Folge versinnbildlicht. Er dringt in diese Gebäudemasse ein, obwohl er gewarnt wird von dem „Zauberer" = dem Zweifel, der auch der „Wahnsinn" (338) und der „Irrtum" (343) genannt wird. In dem Düster macht sich ein Schattenwesen an ihn heran, die moderne Weltanschauung (der Materialismus?), „der große Held des Tages" (320), dessen Macht und Kunst in geraubten, gefälschten Gedankenwerten besteht. Jener bemächtigt sich der Hand des Wahrheitssuchers und führt ihn weiter, im geheimen seine Geisteskraft in sich saugend, bis endlich der Träumende sich losreißt und sich innerlich wieder festigt. Er greift eine Fackel von der Mauer — den Glauben? —

und scheucht jenes wie alle anderen Schattenwesen von sich. Er geht seinen Weg allein weiter, doch kann er den Ausgang nicht wiederfinden. Nur eine Tür ist ihm offen, und sie führt in einen Abgrund ... Da naht ihm der Zauberer. Er läßt dem Eindringling die Wahl zwischen Schatten — Lüge, Scheinmenschlichkeit, Vernichtung der freien Persönlichkeit — und Tod — Geistes- und Seelenmord. Jener weist die Wahl von sich, er wähle sich selbst, sich, die Persönlichkeit. Er fordert den Zauberer auf, das von beiden wahr zu machen, was in seiner Macht stände. Der Zauberer wählt den Tod; aber er selbst wird durch einen Faustschlag in den Abgrund geschleudert. Der Träumende springt ihm nach in die Tiefe; er sinkt in eine eiskalte Flut, die ihm jedoch neue Kraft und neues Leben gibt. Er ruft dem Zauberer zu: „Ich lebe; denn es gibt ja keinen Tod!" Und nun harren beide auf einem erhöhten Steine des Nahens jener Zahllosen, die hier seit je den Tod des Geistes und der Seele gefunden haben ... Das erste der Skelette kommt geschwommen: „Wer bist du?" fragte ich (May) ihn. „Ich bin der erste Fluch, der hier erschallte. Und du?" „Ich bin vielleicht, vielleicht der erste Segen." Und dieses Wort — Segen — weckt sie alle. Und wieder spricht das Gerippe: „Heut ist der erste Tag des neuen Mondes. Der Tag der Arbeit an dem Werk der Rache ... Habt ihr's gehört, wie mächtig schon das Wort an Säulen rüttelt? Wir wuschen seit Jahrtausenden sie aus (die Säulen, welche die Bauten, die Weltanschauungen tragen). Das ist die Hälfte unseres Werkes, die Zerstörung! Doch wir zerstören nur, um zu erzeugen. Vernichten wir da draußen allen Trug, so fördern wir in diesem Raum die Wahrheit. Und an demselben Tag, da drüben alles stürzt, wird hier das Wunder neu geboren werden, daß Steine schreien, wenn man Gott nicht hört. Ihr wißt es nicht, bei wem ihr Rettung sucht. Es ist der Fluch, der hier so oft erklungen, daß er des Steines Seele werden mußte. Doch fehlt uns noch das Wort für seinen Sockel. Und diese Zeilen fordre ich von euch. Jedoch bedenke eins: Die Seele dieses Bildes ist der Fluch; die Unterschrift wird ihm den Geist verleihen. Gibst du ihm einen Geist, der ihm die Seele stört, so wird das Werk ein Bild des Wahnsinns sein." — Mitleid erfüllt die Seele dessen, der ihnen allen ein Erlöser sein soll. — Und er spricht: „Ihr kamt zu diesem Berg, mit Schatten euch zu streiten. Ihr nanntet Wahn, was ihr vernichten wolltet. Und Wahnsinn ist es noch in diesem Augenblick, daß ihr den Schemen flucht, anstatt der eignen Torheit ... Ihr wurdet von dem Warnenden auf das Gebet verwiesen. Es hätte euch sofort das Licht gebracht." Und nun vermag auch das Skelett zu glauben, daß der Retter gekommen ist: „Du kamst nicht, um die Schatten zu vernichten. Du hieltest jenem Zauberer fest stand. Du schenktest dem Gebete vollen Glauben. Du hattest vor dem Tode keine Angst. Du sprangst aus freier Absicht in die Tiefe." Und warum? Um den Zauberer zu retten, dem jetzt in

Gottes Gnade Vergebung werden soll! Vergebung von Seiten aller, die er vernichtet hat. — Da wird die Finsternis zu strahlendem Licht. Die Toten werden zu einem neuen Leben erlöst. Sie ziehen hinauf zum Tempel, um „dem einzig Einen zu sagen, daß sie wieder beten werden." — Dem Träumenden aber verwandelt sich der Zauberer — der Irrtum — in den Warnenden — die Wahrheit —, und er führt den Suchenden in das Geheimnis, „daß beide, Licht und Finsternis, den Tod bedeuten würden, wenn sie sich nicht versöhnt die Hände reichten, grad ihn in ewiges Leben zu verwandeln. Darum die Wahl, die keine Lüge war, obwohl es Tod nicht gibt und doch kein Schatten lebt: Tod oder Schatten?" — Dieses Bild, das „ein Menschenleben, ein Geistesleben, und aber doch das ganze Menschheitsleben" darstellen soll, ist mit dramatischer Kraft gezeichnet und mit reichen lyrischen Farben ausgemalt. Es wäre noch interessanter und würde noch wuchtiger wirken, wenn es nicht gar so... schattenhaft wäre...

Wir erinnern uns, daß der Träumende in den Abgrund sprang, um den Zauberer und mit ihm die Toten — die geistig Toten, da sie sich von Gott und vom Gebet abgewandt haben — zur Wahrheit des Glaubens zu erlösen. Wir kommen damit zu der Dominante, welche neben der anderen von der christlichen Liebe das gesamte Wirken Mays beherrscht — dem Gottesglauben. Bevor wir indessen in eine Erörterung der beiden Haupttendenzen — schon in diesem Kapitel hatten wir von starker tendenziöser Färbung zu reden — und damit der ganzen Weltanschauung Mays eintreten, haben wir zwei wichtige Punkte zu betrachten: erstens den Zweck und die Bedeutung des „Ichromans“, wie er bei unserem Schriftsteller erscheint, ohne welchen sein didaktisch-reformatorisches Schaffen viel von seiner Wirksamkeit verlöre, und zweitens die Frage nach dem Wahrheitsgehalt der erzählten Erlebnisse. Solange uns die Schriften Mays lediglich auf Selbstverherrlichung hinzuarbeiten scheinen, müssen wir den Verfasser als eine lächerlich törichte Persönlichkeit ansehen, und solange wir in seinen Werken pure Phantastereien erblicken, denen er den gefälschten Stempel realer Erlebnisse aufdrücken will, müssen wir ihn für einen Betrüger halten. Es ist daher nötig, darzulegen, daß die erste Ansicht gänzlich unzutreffend ist, die zweite nur in beschränktem Sinne hinsichtlich untergeordneter Materien stimmt, während sie den Schwerpunkt in ganz schiefe Beleuchtung rückt. Erst dann vermögen wir das Streben Mays herauszuschälen, auf die anhaftenden Mängel hinzuweisen und seinen Wert zu betonen.

Zweck und Bedeutung des Ichromans.

Wer ist der Held in den Reiseerzählungen Mays? Antwort: Old Shatterhand — Emir Kara ben Nemsi Effendi — Charley. Und warum ist dieser eine Mann mit den drei Namen der Held? Er kann alles, versteht alles, errät alles, ihm kommt keiner gleich — kurz: er ist der reine Tausendsassa! Und wer verbirgt sich hinter dieser Herostrinität Shatterhand-Kara ben Nemsi-Charley? Karl May in höchsteigener Person! Er, der lächerlich eitle, eingebildete Mensch reitet auf dem unbesieglichen Rih und dem unvergleichlichen Hatatitla durch die Länder und läßt sich anstaunen als Kara ben Nemsi, dessen Ruhm von Algier bis Kurdistan und weiter durch den ganzen Orient erschallt, als Old Shatterhand, der mit der Faust den stärksten Mann besinnungslos niederstreckt, dessen Kugel nie ihr Ziel verfehlt, dem keine Fährte entgeht, den keine Fessel halten kann...

Das ist die landläufige Meinung. Es ist ja eine leidige menschliche Schwäche, daß man, wenn zwei Deutungen möglich sind, meist zu der schlechteren, den Nächsten herabsetzenden greift. Der Idealismus der Jugend läßt wohl oft eine freundlichere Deutung zu; aber ich kenne schnellfertige Urteiler, die ein paar Seiten oder vielleicht einen Band durchblätterten und dann die oben skizzierte Anschauung als der Weisheit letzten Schluß aussprachen. Man hat ja heutzutage so wenig Zeit, ein Buch gründlich zu lesen, und so viel Neigung, die Tiefe der eigenen Erkenntnis durch destruktive Urteile zu offenbaren. Nein, die Sache läßt sich doch noch etwas anders betrachten.

Jedes Drama, jedes Epos, jede Erzählung in Prosa hat einen oder mehrere Helden zum Mittelpunkt, wenn es nicht ausdrücklich „a novel without a hero" sein soll. Der Held braucht nicht notwendigerweise immer ein körperlicher oder geistiger oder sittlicher Heros zu sein — wir befinden uns neuerdings ja im Besitze eines Dramas, dessen Held ein Zuchthäusler ist — aber jede Handlung muß sich doch um einen Mittelpunkt drehen, um eine Person, welche an der Entwicklung des Dargestellten einen hervorragenden inneren oder äußeren Anteil hat. Wenn nun Karl May sein „Ich", seine Individualität zum Helden macht, so muß er zu diesem eigenartigen Verfahren doch einen Grund haben, und dieser Grund beruht in dem Zweck, den May verfolgt. Ist dieser Zweck die eigene Verherrlichung? Das kann nur einem oberflächlichen Beschauer so scheinen, der nicht in der Wesen Tiefe trachtet.

Als was tritt uns May in der Gestalt von Old Shatterhand und Kara ben Nemsi entgegen? Als ein Mann, der über alle seine Feinde triumphiert. Kann ein Mann, der nicht durch rohe Kraft, sondern durch ein harmonisches Ineinandergreifen von Geist und Körper solche Taten verrichtet, der nicht wie ein Schlächtergeselle (man vergleiche andere „Indianergeschichten") im Blute watet, sondern mit geistvoller Berechnung und kühner List die Anschläge seiner Widersacher zunichte macht und dabei, ohne Hohn und Spott zu scheuen, der Lehre von der Feindesliebe folgt, — kann ein solcher Charakter ein Schwachkopf sein? eine geistige und sittliche Null? Gewiß nicht! Aber ein eitler Mensch ist ein Schwachkopf; durch Flitter und Schellenwerk und Prunk und Geschwätz sucht er die geistige Hohlheit zu verdecken. Hier haben wir dagegen eine charaktervolle, logisch klare Persönlichkeit vor uns. Doch weiter. — Reitet Karl May nur als der unbesiegliche Held der alten Mären, in moderner Fassung als Henrystutzenschütze und spitzfindiger Schlauberger à la Conan Doyle und Edgar Allan Poe durch die Lande, um Wundertaten zu verrichten? Nein, er ist vielmehr der Knight errant, der Lohengrin, der dem Unterdrückten zu seinem Recht verhilft, der das Gute zum Siege führt, der das Böse niederstürzt. Dieses „Ich" ist keine auf menschlichen Schwächen fußende Darstellung einer nur in der albernen Einbildung des Verfassers existierenden Heldenhaftigkeit, sondern dieses Ich ist gedacht als der Typus des lebenbejahenden, gottesgläubigen, christ-ethischen Optimismus, verkörpert in einer charakterstarken Individualität. May macht mit überzeugter Kraft Front gegen allen Skeptizismus, Atheismus, Pessimismus und engherzigen Konfessionalismus. All diesen Erscheinungen gegenüber, die unser inneres und äußeres Leben zersetzen und zerfressen, predigt er die Lehre von dem machtvollen Wirken einer freien, in sich, in ihrer Einheit fest geschlossenen Persönlichkeit. Er läßt nicht willkürlich erfundene Schemen reden, sondern entwickelt seine Ideen an eigenen Erlebnissen. Wollte er von Romanfiguren erzählen, stellte er diese als die Vertreter seiner Anschauungen hin, so nähme man wenig inneres Interesse an ihnen und seinen, des Autors, Ideen. Statt dessen legt er seine Gedanken in die eigene Hand und in den eigenen Mund. Er steht da vor uns als eine lebendige, wirkende, reale Persönlichkeit; in jedem neuen Bande kehrt er als derselbe wieder; er wird ein getreuer Begleiter; wir gewinnen ihn lieb; wir leben uns in ihn, in seine Gedanken und Anschauungsformen ein. Ich glaube nicht, daß er auf die begeisterte Zustimmung eines jeden seiner Leser rechnen darf, wenn er auch sittlich verworfenen Subjekten Milde erweist, statt sie energisch zu bestrafen. Trotzdem hat er den Mut, seine Ideen mit seiner eigenen Person zu vertreten. Er läßt keinen Kai Jans ein Evangelium schreiben, sondern schreibt sein Evangelium gottvertrauender

Nächstenliebe durch die Tat, durch die Tat seiner selbst. Es gehört viel Kühnheit dazu, ja mehr als Kühnheit — es ist eine freimütige Selbstentäußerung. Es ist ein Aufreißen des Panzers, der unsere, der Kulturmenschen Brust aus Furcht vor tausend Speeren hämischen Spottes, gehässiger Feindschaft beschirmen muß. Es ist ein Ruf: ich sehe all euer Elend, eure Zerrissenheit, eure Zweifelsnot — laßt mich euch helfen, hier ist mein Herz, ich gebe es euch hin und all meine große Liebe dazu! —

Wohl ihm, wenn er die heiligsten Schätze seines Inneren nicht vor die Säue geworfen!

Das ist es, was uns der Ichroman Mays und seine vermeintliche Selbstvergötterung zu sagen hat. Es ist ein heißes Wollen und ein edles Ziel. Doch ich will nicht nur meine eigene Meinung bringen, sondern auch May sprechen lassen. Wie fern ihm persönliche Eitelkeit liegt, beweist die Verurteilung der Uebertreibungen Halefs und mehr noch die Karikierung aller Prahlsucht und Aufschneiderei in Selim, dem „Helden aller Helden" (s. Im Lande des Mahdi). Von Halefs Bericht über eine Szene, bei der von keiner Heldenhaftigkeit die Rede sein konnte, nämlich von der ersten Begegnung Mays mit dem hochmütigen Mekkaner el Ghani (Am Jenseits) sagt er: „Natürlich wurde der Sperling zum Albatros und der Tropfen zur Ueberschwemmung umgewandelt. Aus Hanneh machte er eine Göttin, aus mir wenigstens einen Halbgott; aber aus sich eines jener unbegreiflichen, paradiesischen Wesen, wie sie, alle Mächte, Kräfte und Gesetze beherrschend, in der Poesie des Morgenlandes leben und Wunder über Wunder tun." (25 162.) Wenn May wirklich so eingebildet wäre, wie manche annehmen, so würden diese Worte die größte Persiflage seiner selbst sein. Und im nächsten Bande heißt es: „. . . Halef war natürlich der Hauptsprecher; er hielt eine Menge Reden und Vorträge, in denen er mich als den größten Helden unter der Sonne beschrieb und dabei aber sich als meinen Freund, Beschützer, Bewahrer und Erhalter hinstellte. Ich pflegte mich zu entfernen, sobald er sich in Positur stellte, um eine solche Lobpreisung meiner Person und seiner selbst loszulassen . . . Als ich einmal eine hierauf bezügliche Bemerkung machte und mich dabei des Wortes »öjünmek« [1]) bediente, fuhr er wie vor einer Natter vor mir zurück und rief zornig aus: »Was? Wie, Effendi? Ich soll ein Oejünüdschi [2]) sein? Wie kannst du mich in dieser Weise beleidigen und die Wange eines Mannes schamrot machen, welcher dir sein ganzes Herz geschenkt hat und jederzeit bereit ist, sein Leben fünfzigmal hintereinander für dich hinzugeben! Weshalb führt man solche Heldentaten, wie wir sie verrichtet haben, aus? Doch nur, damit man von ihnen sprechen und erzählen kann!«" — „Nein," lautet die Antwort, „was wir getan haben, ist aus ganz anderen und besseren Gründen geschehen" (26. 289). Aus besseren

---

[1]) Prahlen, aufschneiden. [2]) Prahler.

Gründen nämlich, als sich selbst zu verhimmeln und von leichtgläubigen Dummen offenen Mundes anstaunen zu lassen. — Es mögen noch die Worte hier wiedergegeben werden, die Halef über das „Uebertreiben“ sagt. Sie klingen drollig, sind aber nicht ganz unbegründet: „Uebertreibungen? O Sihdi, wie ist es mit deiner Erfahrenheit und Menschenkenntnis doch so schlecht bestellt! Der Mensch ist das einzige ungläubige Geschöpf, welches auf der Erde wohnt; denn Tiere, Pflanzen und Steine können nie ungläubig sein, was du aber garnicht zu wissen scheinst. Und weil der Mensch den Unglauben ganz allein besitzt, so hat er davon eine so große Menge, daß sie garnicht gezählt, gemessen und berechnet werden kann. Sagst du das Wort »hundert«, so wird man dir nur das Wort »zwanzig« glauben; hast du fünf Kinder, so traut man dir nur zwei zu, und behauptest du, alle zweiunddreißig Zähne zu besitzen, so läßt man dir nur zehn oder elf, zwischen denen sich einundzwanzig Zahnlücken befinden. Darum wird ein kluger Mensch stets mehr sagen, als eigentlich richtig ist. Ich, der Besitzer eines einzigen Kindes, sage, daß ich 10 Knaben und 20 Mädchen habe; ich behaupte, 96 Zähne zu besitzen und das ist keine Lüge, denn ich weiß ja, daß man mir wenigstens drei Viertel davon abziehen wird. Ich sage keine Unwahrheit; ich übertreibe nicht; denn wenn ich sage, daß ich zwei Beine besitze, so glaubt man nur an eins, und ich muß also, wenn die Wahrheit getroffen werden soll, wenigstens von vieren sprechen. Allah mag deinen Geist erleuchten, daß du das, was ich dir jetzt gesagt habe, nach und nach verstehen lernst und mir ja nicht immer dreinredest, wenn ich von unseren Heldentaten erzähle. Wenn du einen Wüstenfuchs geschossen hast, mußt du unbedingt einen Löwen daraus machen, weil man sonst annimmt, daß es nur eine Maus gewesen sei; und wenn ein Mensch im Flusse umgekommen ist, so muß ich erzählen, daß zehn Personen ertrunken seien, denn sonst behauptet man, daß überhaupt gar kein Wasser zum Ertrinken dagewesen sei. Nimm dir diese meine Worte zu Herzen, Sihdi! Laß dich mahnen, warnen und belehren! Ich kenne die Welt und die Menschen besser als du. Wenn du heiler Haut nach Persien und wieder zurück kommen willst, so sag' stets mehr, viel mehr, als du eigentlich zu sagen hast. Allah jesellimak — Gott erhalte dich!" (26. 290/1.) Doch noch eins: das Eingebildetsein Mays — wenn wir uns nun einmal nicht von dieser Meinung losmachen können — ist bei weitem nicht so überschwänglich, wie man gewöhnlich annimmt. Freilich gelingt es dem „Helden", aus allen Fesseln zu entrinnen; aber für einen Helden schickt es sich eigentlich überhaupt nicht, gefangen genommen zu werden, ja oft geradezu übertölpelt zu werden. Auch die Befreiung gelingt ihm nicht immer durch seine Schlauheit, Kühnheit oder Körperkraft, sondern häufig durch die Gunst der Umstände oder durch die Hilfe anderer Personen. Bei der Lektüre von „Winnetou" hat man sogar die fatale Empfindung, daß der Mörder Santer sowohl Old Shatterhand als seinem roten Freunde hier und da „über" ist (vergl. 7. 571/2; 8. 597/9; 605/6). Wie oft gibt May zu, Fehler und Dummheiten gemacht zu haben! Einige Beispiele:

„Es fiel mir garnicht ein, Verdacht zu schöpfen. Leider aber war mir die Erfahrung vorbehalten, daß ich unvorsichtig gewesen sei" (4. 165).

„Ich hatte Halef wegen seiner Unvorsichtigkeit ausgezankt, jetzt war ich selbst viel dümmer gewesen; ich war in eine außerordentlich plumpe Falle gerannt" (3. 605).

„Ja, lachte Halef. Bisher waren wir stets nur einzeln dumm; jetzt aber waren wir es gemeinschaftlich; der Sihdi (May) auch mit uns." — „Freilich, Halef, hast du recht, bestätigte ich" (5. 266).

„Der Neger hatte mich genarrt, Gibson lachte mich ohne Zweifel aus, und der Junge hatte eine Miene gemacht, aus welcher ich ersehen mußte, daß er wußte, ich sei einer, der geprellt werden solle. Ich befand mich in einer ärgerlichen Stimmung, denn ich war blamiert, und durfte nicht einmal auf der Polizei erwähnen, daß ich Gibson begegnet sei. Ich ging also still davon" (8. 29/30).

„Halt, Sam, da sehe ich eben ein, daß ich ganz unverzeihlich dumm gewesen bin" (9. 60).

„Ich wendete mich um und sah, daß ich vorhin die größte Dummheit oder Nachlässigkeit meines Lebens begangen hatte" (9. 512).

„Erst jetzt erkannte ich, wie unvorsichtig es von uns gewesen war, so offen und weithin sichtbar am Feuer zu sitzen“ (12. 96).

„Jetzt sah ich ein, daß ich eine Dummheit begangen hatte“ (13. 144).

„Sehen Sie (May) das nicht ein, Sie überaus kluger Mann?“ — Er hatte recht, und ich gestand es aufrichtig ein ... Ich ärgerte mich gewaltig über den Fehler, den ich begangen hatte ... Leider war dieser Fehler nicht der einzige, den ich mir zu Schulden kommen ließ. Es scheint, daß ich an jenem Abende nicht recht bei Ueberlegung gewesen bin ... Das war abermals ein Fehler, ja sogar eine unverzeihliche Dummheit von mir“ (13. 372/3. 375).

„... ich hatte ja nicht weniger Fehler begangen als er (Pena), und jetzt, da ich die Liebe dieser braven Leute so deutlich sah, mußte ich mir aufrichtig sagen, daß mein Verhalten gegen sie nicht immer ein vorwurfsfreies gewesen war“ (13. 557).

Old Wabble zu May: „Ihr macht ja alles möglich und legt euch alles, was ihr tut, so sorgfältig und umsichtig zurecht, daß gar kein Mißlingen möglich ist.“ Antwort: „Dieses Lob muß ich zurückweisen, Mr. Cutter. Ich habe auch manchen großen Fehler begangen und oft selbst so tief in dem gesteckt, was ihr Tinte zu nennen beliebt, daß es ein wahres Wunder war, herauszukommen“ (14. 183).

„Ihr haltet mich für einen viel vortrefflicheren Kerl, als ich bin. Wenn ihr wüßtet, wieviel mir schon mißglückt ist, würdet ihr eure Erwartungen viel tiefer spannen" (15. 624).

Aus den folgenden Bänden sei noch eine Stelle herausgegriffen: „Das aber nahm ich mir auf alle Fälle vor, daß es keinem Menschen wieder gelingen sollte, meine Person in seine Gewalt zu bringen. Der Mensch denkt — — — und ist dabei so gedankenlos, daß dann grad das Gegenteil von dem geschieht, was er glaubt, ganz logisch und folgerichtig gedacht zu haben! . . . Wenn der Mensch sich doch nicht erkühnte, vorherbestimmen zu wollen, was geschehen oder nicht geschehen soll! Das sage ich jetzt, und doch muß ich gestehen, daß grad ich während meines wechselvollen und ereignisreichen Lebens den soeben gerügten Fehler öfter als hundert und auch tausend andere begangen habe" (27. 238; 241).

Aehnliche Aussprüche finden sich 18. 256/8; 19. 177/8; 21. 389; 22. 239; 306; 24. 271; 27. 210.

In vielen Situationen gibt May aufrichtig zu, daß sein Scharfsinn ihn im Stiche lasse, daß er dies oder jenes nicht erraten könne. Wer zweifelt, lese nach: 3. 36; 6. 446; 12. 184; 13. 27; 20. 83; 177; 397.

Soviel über die vermeintliche Selbstverherrlichung; doch man verstehe mich recht: es handelt sich nicht darum, ob May als Mensch einmal harmlos eitel sein mag — jeder Mensch soll Selbstvertrauen besitzen, und wessen Logik hat bereits die Grenzpfähle zwischen den Gebieten der Eitelkeit und des berechtigten Selbstvertrauens abgesteckt? Ein Mann zumal, der ein solches reiches Leben hinter sich hat, darf gewiß, ohne sich zu überheben, auf sich und seine Leistungen stolz sein. Er selbst scherzt über seine „liebe Eitelkeit" (27. 449; 20. 136) und beweist, scheint mir, schon dadurch, daß ihm jede Aufgeblasenheit, jeder törichte Pfauenhochmut fern liegt. Doch genug davon. Es sollte gezeigt werden, daß May als Schriftsteller nicht den Zweck blöder Selbstapotheose verfolgt, sondern daß er den Mut hat, das ethische Ideal, für das er durch Taten erzieherisch wirkt, mit seiner eigenen Person zu vertreten. Möge die Zeit kommen, in der man sich bemühen wird, das heiße Wollen eines rechtschaffenen Mannes zu verstehen, anstatt ihm menschlich-jammervolle Motive unterzuschieben!

Ich schließe dieses Kapitel mit den Worten, in denen May selbst zu der hier behandelten Frage Stellung genommen hat: „In diesen zwei Namen (Old Shatterhand und Kara ben Nemsi) habe ich denen, die es lösen wollen, ein Rätsel aufgegeben, aus dessen Tür das von seinen psychologischen Fesseln befreite Menschheits-Ich wie ein im Freudenglanze strahlender Jüngling hervorzutreten hat. Dieses so viel verachtete und so grimmig angefeindete »Ich« in meinen Büchern hat allen denen, welche Ohren haben, von einer neuen, ungeahnten Welt zu erzählen, in welcher Leib, Geist und Seele nicht ineinandergekästelt und ineinandergeschachtelt sind, sondern Hand in Hand nebeneinander stehen und miteinander wirken.

Dieses so oft verspottete und so leidenschaftlich verhöhnte »Ich« in meinen Werken war nicht die ruhmeslüsterne Erfindung eines wahnwitzigen Ego-Erzählers, welcher »unglaubliche« Indianer- und Beduinengeschichten schrieb, um sich von den Unmündigen und Unverständigen beweihräuchern zu lassen, sondern unglaublich, über alle Maßen unglaublich ist nur die Blindheit derer gewesen, die einen solchen Wahnsinn für möglich hielten, weil sie sich in den ihnen sehr erwünschten Irrtum hineinlogen, daß diese meine Bücher nur zur vagen Unterhaltung der unerwachsenen Jugend, nicht aber ganz im Gegenteile für die geistigen Augen klar und ruhig denkender Leser geschrieben seien. Diesem so kraftvollen und selbstbewußten »Ich« ist es nicht eingefallen, in den Gassen des geistigen Unvermögens bettelnd an die Türen zu klopfen, denn von dieser geistigen Armut leben ja grad diejenigen »Ichs«, welche die Lösung meines Rätsels zu fürchten haben. Dieses mein »Ich« vermied ganz im Gegenteile alle Straßen und Häuserreihen menschenwimmelnder Städte und ging hinaus in alle Welt, — — — um aller Welt zu sagen, daß alle Welt ihr »Ich« verloren habe!..." (29. 67/8.)

Wir sehen also: es handelt sich hier nicht um die Verherrlichung des Verfassers, es handelt sich überhaupt nicht um den Verfasser, um die Person des Schriftstellers Karl May, sondern um ein ethisches Ideal, das der Autor in seinem „Ich" begreift und darstellt. Selbstverständlich kann dieses „Ich" nur die Züge und

Anschauungen seines Schöpfers tragen, es wirkt innerhalb und gemäß den Richtlinien seines Wesens — aber er erhebt es mit bewußtem Wollen über seine eigene begrenzte, unvollkommene Individualität zu einem universellen Menschheitsideal.

Die sich hieran schließende Frage ist die nach dem Wahrheitsgehalt der Reiseerzählungen, die eine Umbiegung dahin zu erfahren hat, daß wir forschen, welche Bedeutung nun, nachdem wir den Helden, den wirkenden Mittelpunkt in das richtige Licht gerückt haben, der Handlung beizumessen ist.

Wahrheitsgehalt der „Reiseerlebnisse“.

Wie steht es mit dem Wahrheitsgehalt der Reiseerzählungen? In der Einleitung ist schon ein Urteil über die „phantastischen“ Erzählungen Mays gesprochen worden. Es ist leicht und bequem, entweder alles gläubig als bare Münze hinzunehmen oder alles skeptisch als glatt erfunden zu verwerfen. Das ist einfach, aber ob es das Richtige in dem einen oder dem anderen Falle trifft, ist eine andere Frage. Freilich ist es so gut wie unmöglich, auf Grund der Reiseerzählungen selbst den Prozentsatz von Wahrheit und Dichtung in den berichteten Abenteuern festzustellen. Schon der Titel ist nicht gleichmäßig. 29 Bände tragen auf der linken Innenseite den Vermerk: „Reiseerzählungen“. Nur in Band 17 heißt es plötzlich Reiseromane, und dieselbe Bezeichnung findet sich in einer von May gegebenen Anmerkung 10. 407. Auf der rechten Innenseite lesen wir dann „Reiseerlebnisse“. Ausnahmen:

„Winnetou, der rote Gentleman“, 3 Bde. — keine nähere Bezeichnung;

„Orangen und Datteln" werden in Anlehnung an diesen Titel „Reisefrüchte" genannt;

„Weihnacht" und „Friede auf Erden" heißen „Reiseerzählungen".

Man sieht, aus der inkonsequenten Nomenklatur läßt sich nicht darauf schließen, ob wir einen wahrheitsgetreuen Bericht über die Reisen Mays haben, oder ob wir die Werke als eine freie schriftstellerische Erfindung ansehen müssen. Jedenfalls erscheint es als die Meinung des Verfassers, daß wir zum mindesten die nicht eben unter Ausnahmen genannten Werke als Berichte von tatsächlichen Erlebnissen auffassen sollen.

Es ist behauptet worden, daß May seine Abenteuer glatt erfunden hätte, ja, daß er nie in Amerika gewesen sei. Max Dittrich erklärt dagegen in seiner Broschüre „Karl May und seine Schriften", Dresden 1904, p. 113: „Das behauptet man . . . sogar noch heute, obgleich abertausende von Zuschriften existieren, und zwar in allen Kreisen, vom Handarbeiter an bis hinauf zum Fürstenthron, die er aus den fernsten Ländern heimgeschrieben hat. Er besitzt selber eine ganze Sammlung mitgebrachter Gegenstände, und hunderte von Personen, die ihn in der Ferne trafen, sind bereit, dies zu bezeugen". — Dies wird als Beweis aufgestellt gegen die Behauptung, „daß seine vorgeblich selbst erlebten Taten und Abenteuer pure Erfindungen seien". Abgesehen davon, daß es um „erlebte Taten" etwas Sonderbares ist, beweist das Angeführte nur dies, daß May an den betreffenden Orten gewesen ist; nicht aber, daß er das in seinen

Werken Erzählte wirklich erlebt hat. Wenn wir nun auch an der realen Existenz der Personen, die ihn da und dort gesehen haben sollen, oder an ihrer Glaubwürdigkeit zweifeln — was dann? Auf diese Weise kommen wir nicht weiter, und da es nicht gut möglich ist, May eidlich zu vernehmen, ob er tatsächlich mit einem Winnetou gekämpft hat, über den Schott Dscherid geritten ist, den Schut entlarvt, den Mahdi gesehen und den Sendador von der Felsenkante gerettet hat, und da wir auch nicht gut in Mesopotamien nach Halef Umfrage halten können, müssen wir uns mit den Reiseerzählungen und einem daraus zu schöpfenden Wahrscheinlichkeitsbeweise begnügen. Zunächst die Vorfrage: hat May die Länder betreten, in denen die von ihm erzählten Abenteuer spielen? Diese Frage wäre ohne weiteres zu bejahen, wenn May Gebiete erforscht hätte, die der europäischen Wissenschaft bislang unbekannt gewesen wären; dies ist aber, soweit ich es zu übersehen vermag, nicht der Fall.

Es muß also die Möglichkeit zugegeben werden, daß May aus den Berichten von Forschungsreisenden das ihm nötig erscheinende geographische, ethnographische und naturwissenschaftliche Material ausgezogen und mit mannigfachen, seiner Phantasie entsprossenen Abenteuern und Personen zu den vorliegenden Erzählungen verbunden hat. Diese Ansicht hätte zur notwendigen Voraussetzung, daß Karl May ein phantasiereicher Mensch wäre, und ein solcher würde in seinen Schriften eine phantasiemäßige Darstellung anwenden. Nun ist aber

Mays Milieuschilderung nicht nur nicht phantasievoll, sondern durchaus nüchtern (s. oben unter „Poetische Elemente"), und sie erweckt durch den Mangel jedes schmückenden Beiwerkes die Vorstellung vollkommen realer Naturwahrheit. Die Durchführung dieser realen Schilderung ist eine geschlossene, gleichartige, konsequente. Hätte May lediglich den Stoff, den er zur Beschreibung von Menschen, Gegenden, Naturerscheinungen, Sitten und Gebräuchen nötig hatte, aus Büchern genommen, so hätte er, um nur zwei Werke zu nennen, in bezug auf Nordamerika etwa zu Cooper, in bezug auf das Land des Mahdi etwa zu Slatin Pascha greifen müssen, zwei durchaus ungleich schreibenden Schriftstellern, und die Verschiedenheit des Wesens sowie die daraus resultierende Verschiedenheit der Anschauungsformen gilt wohl für alle Forscher oder Weltläufer, die über jene Gebiete geschrieben haben. Bei May dagegen erscheint all und jedes wie aus einem Guß in eine durchaus originelle Form; es ist alles gleichmäßig geschaut, gleichmäßig dargestellt, während in anderen Punkten die Konsequenz bei ihm oft durchbrochen wird. Da wir ihm nun unmöglich die Kraft der inneren Anschauung zutrauen können, wie Schiller sie im „Tell" oder etwa Frenssen in „Peter Moors Fahrt nach Südwest" gezeigt haben — und zwar wieder aus dem Grunde seiner phantasielosen Nüchternheit — so müssen wir annehmen, daß er die Dinge, von denen er erzählt, wirklich gesehen hat, also tatsächlich an Ort und Stelle gewesen ist. Vor allem ist dies zu beachten: Landschaftsschilderungen, kulturelle Handlungen oder Embleme u. a. hätte er abschreiben oder nachzeichnen können; aber das ist ihm, wie oben gesagt, Beiwerk und Nebensache — viel wichtiger sind ihm die Personen und ihr Inneres. Und da müssen wir es als strikten Beweis gegen die Theorie des Kopierens, Nachschaffens oder Erfindens betrachten, daß May eine solch immense Anzahl von einzigartigen, scharfgezeichneten Volkscharakteren darstellt. Es ist nicht anders möglich, als daß hier eigene Anschauung, persönliches Erleben vorhergegangen ist.

Wie steht es nun aber mit dem Detail der Taten und Abenteuer? Hat May alles wirklich ausgeführt und durchgemacht? Hören wir zunächst ihn selbst:

„Wie oft hatte ich gelesen, daß ein Gefangener durch die Berauschung seiner Wächter befreit worden sei, und mich über diesen verbrauchten Schriftstellercoup geärgert! Und jetzt befand ich mich in voller Wirklichkeit infolge eines Rausches in dem Besitze aller Gefangenen" (2. 242).

„Man meint, daß solche oder ähnliche Szenen nur in Romanen vorkommen. Das ist sehr richtig, denn — — — das Leben ist der fruchtbarste und phantasiereichste Romanschreiber, welcher nicht, um eine unmögliche Situation zu ersinnen, ein Dutzend Gänsefedern zerkauen muß" (16. 560).

„Leider aber drängten mich dann meine Reiseerlebnisse so seitwärts, daß ich bis heute noch nicht nach Chartum gekommen bin" (17. 406).

„Mancher meiner geneigten Leser wird am Schlusse des vorigen Kapitels gedacht haben: »Jetzt sollte der Verfasser eigentlich schließen, denn nach schriftstellerischen Regeln ist die Erzählung nun zu Ende, da die sämtlichen Konflikte gelöst worden sind und der Gerechtigkeit Genüge geschehen ist.« Dem habe ich zu entgegnen, daß ich nicht eigentlich schriftstellere, sondern Erlebnisse niederschreibe und es unmöglich hindern kann, wenn sich das Leben und die Wirklichkeit nicht nach schriftstellerischen Regeln richten und sich selbst vom scharfsinnigsten Kritikus nicht den Gang der Ereignisse vorschreiben lassen" (18. 153).

„Ein Schriftsteller, welcher nicht Erlebtes, sondern nur Romane schreibt, würde nun Old Shatterhand eine Tasche, einen Beutel, einen Brief oder sonst einen Gegenstand finden lassen, durch dessen Erlangung alles, was uns noch Geheimnis war, aufgeklärt wurde; ich kann aber leider meiner Feder nicht gestatten, mir eine solche Schicksalsgunst zu erweisen und muß eingestehen, daß ich nichts, aber auch ganz und garnichts fand" (19. 150).

„... Ich lasse nämlich den General nicht etwa als schriftstellerischen Deus ex machina erscheinen; das wäre, wenn es sich nur um Phantasiegebilde handelte, ein ganz überflüssiges Verfahren" (27. 272).

„Ich will die Bücher, welche ich schreibe, nicht mit den Resultaten wohlfeiler Erkundigungen füllen, sondern nur das erzählen, was ich selbst erlebt, geprüft oder gesehen habe" (28. 32).

May spricht es also in unzweideutiger Weise aus: alles, was ich erzähle, ist tatsächlich geschehen! Er sagt es so bestimmt, daß wir nicht einmal von einer poetischen Lizenz sprechen dürfen, die es ihm gestatten würde, Jägerlatein zu reden. Trotzdem müssen wir die Frage, ob der Wahrheit viel oder wenig Dichtung beigemischt ist, erörtern.

Gibt es in der Darstellung Widersprüche? Ja; aber sie sind nicht so bedeutend, daß man aus ihnen etwas anderes schließen könnte, als mangelhafte Erinnerung. Nur ein Widerspruch findet sich, der m. E. bedenklich ist: Winnetou, über den als seinen besten Freund May doch wohl Bescheid wissen müßte, wird nach einer Version von einem Weißen, nach einer anderen von einem Sioux erschossen (s. u. „Komposition").

Sind die Abenteuer, Taten etc. möglich oder unwahrscheinlich? Wenn wir hier nicht zuviel behaupten wollen, haben wir bei der Beantwortung dieser Frage mit aller Vorsicht zu verfahren. Ich habe bereits gesagt, daß die Heldenhaftigkeit, mit der May sich schmückt, ihre guten Gründe hat; ich muß aber, da es sich hier nicht um die Tendenz des ethischen Erziehers, sondern um den formalschriftstellerischen Standpunkt handelt, noch weiter gehen und sagen, daß diese Heldenhaftigkeit garnicht so weit her ist.

Auf den ersten Blick blendet es allerdings, daß May alles so prächtig gelingt; bei näherem Zusehen indessen findet sich, daß die Erfolge nicht allein durch Mays

Vortrefflichkeit, sondern auch durch die relative Minderwertigkeit seiner Gegner veranlaßt werden. May stehen als gebildetem Europäer von großer mathematischer Begabung — er war eine Zeitlang Landmesser, bezeichnet die Mathematik als eine seiner Lieblingswissenschaften (7. 15) — ganz andere geistige Mittel zur Verfügung als dem Indianer oder Beduinen. Aus demselben Grunde ist es leicht begreiflich, daß er unter den „Westmännern" bald zu einer angesehenen Stellung gelangte; denn diese setzten sich doch vorzugsweise aus Fallenstellern, Farmern, Cowboys und anderen ungebildeten Leuten zusammen. Aehnlich ist es im Orient. Er selbst äußert darüber: „... Man braucht mich nicht für einen eingebildeten Menschen zu halten, weil ich es für möglich hielt, daß dreihundert Kurden wegen uns zwei Menschen sich aus ihrem Lager entfernt hatten. Im Orient fällt es der Mücke garnicht schwer, in kurzer Zeit Elefant zu werden; ja, sie kann sogar ganz ohne ihr Zutun sehr leicht zum Dickhäuter werden. Ich hatte Gelegenheit gefunden, mich mit einigem Geschick aus bösen Lagen zu ziehen. Mit Hilfe einiger Kenntnisse, die jeder gebildete Europäer besitzt, war es mir gelungen, einigen Stämmen der Dschesireh hier und da einen kleinen Dienst zu erweisen. Das war erzählt und von Mund zu Mund weitergetragen worden. Weil nun jeder Erzähler seiner Phantasie dabei freien Raum gelassen hatte, war eine Sagen- und Legendenbildung entstanden, durch welche mein Bild und auch Halefs kleine Figur wie auf der Leinwandfläche eines Hydro-Oxygengas-Mikroskops erschienen. Die Legende hatte meine Kenntnisse und Geschicklichkeiten in das Ungeheure vergrößert; noch berühmter als ich selbst waren meine beiden Gewehre. Man erzählte sich, daß die Kugel meines Bärentöters durch Stahl und Mauern dringe, und daß ich mit dem Zaubergewehre, nämlich dem Henrystutzen mit fünfundzwanzig Schüssen, in alle Ewigkeit und ohne Aufhören schießen könne, ohne einmal laden zu müssen. Dazu kam freilich, daß ein Fehlschuß bei mir fast zu den Unmöglichkeiten gehört, und daß meine indianische Art zu reiten selbst jedem Beduinen imponieren muß. Ferner war ich im Anschleichen und Auskundschaften beobachtet worden, und da auch in dieser Beziehung der Asiate nicht den zehnten Teil dessen leistet, was der Indianer mit Leichtigkeit vollbringt, so war es kein Wunder, daß eben Wunder von mir erzählt wurden, und daß auch hier die Kelhurkurden ihr Lager lieber aufgaben, als sich, wie sie dachten, von mir beschleichen und von meiner Zauberflinte niederpaffen zu lassen" (18. 257).

Man beachte ferner, daß May nicht reist wie die „Herdentouristen" à la Cook und Stangen, von denen er sagt: „Man gehe einmal durch die Scharia Bab el Hadid (in Kairo) nach dem Bahnhofe, um diese Leute aussteigen zu sehen. Sie kommen eigentlich nicht, sondern sie werden gebracht; sie steigen nicht aus, sondern sie werden ausgestiegen. Sie bilden Cook- oder Stangen-„Herden", welche sich jeder Selbständigkeit begeben und ihren Hirten zu parieren haben. Sie sind nicht mehr Personen oder Individualitäten, sondern einfach Gegenstände des betreffenden Reisebureaus. Im Bahnhofe aus- und vor den Hotels wieder abgeladen, haben sie die Zimmer zu nehmen, die man für sie bestimmt, zur vorgeschriebenen Zeit zu essen und zu schlafen, um zwischen diesen Zeiten truppweise auf die touristische Weide getrieben zu werden" (30. 45/6). Wie anders May! „Ich bin keiner der subventionierten Herren, welche unter hohem Schutze mit großem Aufsehen erregenden Trosse bequeme Pfade ziehen und dann, wieder heimgekehrt, einen Vortrag auswendig lernen, um mit ihm, Stadt für Stadt abklopfend, Geld zu machen. Ich reise, um allüberall, in der Steppe, der Wüste, im Leben der Verachteten und Bedrängten, im Herzen des sogenannten Wilden die Spuren Gottes, die Wahrzeichen und Beweise der ewigen Liebe und Gerechtigkeit zu suchen; denn meine Bücher sollen zwar Reisebeschreibungen, aber in dieser Form Predigten der Gottes- und der Nächstenliebe sein. Darum gehe ich meine eigenen Wege und bewege mich in meiner eigenen Weise; ich lebe und ich reise von meinen eigenen Mitteln, verlasse mich nächst Gottes Schutz auf meine eigene Kraft und lasse mich von keinem anderen Willen als meinem eigenen dirigieren" (28. 32).

Wenn man auf diese Weise in unsicheren Gebieten wandert, mit Menschen in Berührung kommt, die keine Staatsordnung anerkennen und jeden Fremden als Feind und seine Habe als willkommene Beute betrachten, können Kämpfe, Nachstellungen, Gefahren und Abenteuer nicht ausbleiben.

„Man hört und liest jetzt sehr oft, daß das Leben immer nüchterner werde und es gar keine Abenteuer mehr gebe. Vor nun wenigen Wochen sprach ich mit einem vielgereisten Gelehrten, welcher geradezu die Behauptung aufstellte, man könne die alte Welt von Hammerfest bis zur Capstadt und von England bis nach Japan durchreisen; ohne nur eine Spur von dem zu erleben, was man Abenteuer nennt. Ich widersprach ihm nicht, aber ich bin überzeugt, daß es nur auf die Persönlichkeit des Reisenden und auf die Art und Weise der Reise ankommt. Eine Reise per Entreprise oder mit Rundreisebillet wird sehr zahm sein, selbst wenn sie nach Celebes oder zu den Feuerländern gehen sollte. Ich ziehe das Pferd und Kamel den Posten und Bahnen, das Kanoe dem Steamer und die Büchse dem wohlvisierten Passe vor; auch reise ich lieber nach Timbuktu oder Tobolsk als nach Nizza oder Helgoland; ich verlasse mich auf keinen Dolmetscher und auf keinen Bädeker. Zu einer Reise nach Mursuk steht mir weniger Geld zur Verfügung, als mancher braucht, um von Prag aus die Kaiserstadt Wien eine Woche lang zu besuchen, und ich habe mich über den Mangel an Abenteuern nie zu beklagen gehabt. Wer mit großen Mitteln die Atlasländer oder die Weststaaten Nordamerikas besucht, dem stehen eben diese Mittel im Wege; wer aber mit leichter Tasche kommt, der wird bei den Beduinen Gastfreundschaft suchen und sich nützlich machen, drüben im wilden Westen aber sich sein Brot schießen und mit hundert Gefahren kämpfen müssen" (1. 244/5).

Ist es nun denkbar, daß ein Mensch all diese Gefahren übersteht? May sagt über seine Konstitution: „... Ich selbst bin ein durch und durch gesunder, überaus kräftiger Mann, dessen Natur — eine wahre Hippopotamusnatur — weder durch Hunger und Durst, Hitze und Kälte, Nachtwachen oder andere Anstrengungen so leicht angegriffen wird" (27. 17); und: „Ich befinde mich in dem Besitze einer Konstitution, wie nur selten ein Mensch sie hat. Meine Gesundheit macht für mich den Gedanken, krank zu sein, fast zur Unmöglichkeit. Und wenn ich ja vielleicht einmal unwohl sein sollte, so glaube ich es nicht. Ein Zustand, über welchen andere klagen und sehr besorgt sein würden, ist für mich eine kleine, garnicht beachtenswerte Unpäßlichkeit, über die ich kein Wort verliere" (28. 199). Man muß allerdings, um solche Reisen, wie May sie macht, ganz abgesehen von den Abenteuern, ausführen zu können, eine derartige Natur besitzen. Doch der Körper allein tut es nicht; auch der Geist muß sich den andringenden Gefahren gewachsen zeigen und Auswege zu ersinnen vermögen. Nun finden wir fast auf jeder Seite der Reiseerzählungen eine überraschend scharfe praktische Logik — keine Logik zwar, die mit wissenschaftlichen Ideen zu arbeiten weiß; aber ein Vermögen, mit offenem

Blick alles zu umfassen und zu erfassen und daraus kombinierend und divinierend die richtigen Schlüsse zu ziehen. Besonders das Spurenlesen ist z. T. hochinteressant. Wir dürfen hier nun nicht fragen, ob wir selbst das alles zu leisten vermöchten; denn erstens hat der, welcher nie aus zivilisierten Ländern herausgekommen ist, nicht die nötige Erfahrung, um in dieser Frage kompetent zu sein und zu sagen: Das brächte i ch nicht fertig — also ist es jedem, also ist es May unmöglich! Zweitens dürfen wir nicht vergessen, daß zu jedem Berufe, wenn man in ihm Meister sein will, eine spezifische Begabung gehört. Nicht jeder kann eine vergleichende Abhandlung über Spinozas und Schopenhauers Weltanschauung schreiben, nicht jeder Hamlet darstellen, nicht jeder ein lenkbares Luftschiff konstruieren. Ebenso will es gelernt sein und ebenso muß man Geschick dazu besitzen, einen Indianertrupp in eine Falle zu locken, einen Czakan zu parieren und ein Pferd zu bändigen. Das sind alles sehr elementare Erwägungen, die aber den Leuten zu empfehlen wären, die in Bausch und Bogen über May als lügnerischen Schwätzer den Stab brechen ... Daß auch May nicht gleich als der vortreffliche Old Shatterhand nach Amerika gegangen ist, sondern sich erst als ein richtiges Greenhorn, ein grüner Neuling, gezeigt hat, sagt er mit komischer Aufrichtigkeit 7. 7/9 und erzählt im gleichen Bande, wie er von Sam Hawkens und Winnetou in die Schule genommen sei. —

Immerhin läßt sich nicht leugnen, daß uns manches auf den ersten Blick mißtrauisch macht, daß uns oft das Glück frappiert, mit dem May sich jeder Gefahr entzieht, und wir uns fragen: wenn May so oft von erbitterten Feinden, die an seiner Vernichtung so großes Interesse haben, gefangen genommen wird, warum wird er dann nicht einmal gleich getötet, warum bleibt ihm immer Zeit zum Entkommen? Aber wenn wir uns auch nicht zum Narren halten lassen wollen wie die Alten von den phönikischen Schiffern, so wollen wir auch andererseits nicht alles blind verwerfen wie die spanischen Gelehrten die Worte des Columbus — um einige bekannte historische Beispiele auf die in Rede stehenden schriftstellerischen Werke anzuwenden — weil das Erzählte eben außerhalb des Kreises unserer individuellen Erfahrung liegt. Wir dürfen nicht allzu pedantisch sein — wer wollte behaupten, daß jedes Wort der zahlreichen Dialoge, die May bringt, wirklich gesprochen sei? Wir wollen unsere Ansicht so formulieren: Das in den Reiseerzählungen Berichtete geht im Wesentlichen auf tatsächliche Erlebnisse Mays zurück; doch ist der reale Stoff der erzieherischen Tendenz entsprechend modifiziert und nach künstlerischen Prinzipien geordnet.

Es wäre ein Verstoß gegen den literarischen Usus, aber im Interesse der erzieherischen Tendenz, die May verfolgt, und die vollkommenes Vertrauen, und zwar nicht allein in diese selbst, sondern auch in das ganze Werk des Schriftstellers bedingt, wünschenswert gewesen, daß May sich über das Verhältnis von Dichtung und Wahrheit in den „Reiseerlebnissen" etwas deutlicher ausgesprochen hätte.

Die Frage: gehen die Erzählungen auf wirkliche Erlebnisse zurück? — wird wohl von jedem Leser aufgeworfen sein. Daher erschien es mir notwendig, sie zu behandeln. Aber wir wollen beachten, daß wir mit einem Nachgrübeln über einen derartigen Zweifel doch nur an der Oberfläche kleben. Wir wollen uns entsinnen, daß Mays Bücher keine Unterhaltungsschriften sein sollen, sondern daß die erzieherische Tendenz ihr eigentliches Wesen ausmacht. Von diesem Standpunkt aus betrachtet, erscheint es völlig gleichgültig, ob im Jahre Achtzehnhundertsoundsoviel einem Westmann Old Shatterhand und einem Indianerhäuptling Winnetou die und die Taten gelungen sind, ob ein Kara ben Nemsi und ein Halef Omar den und den Ritt unternommen haben. Darauf allein kommt es an, — und darauf allein sollen wir nach dem Willen des Schriftstellers achten — daß May uns in ergreifenden Bildern zeigen will, was eine hochgesinnte, kraftvolle Persönlichkeit in der Wildnis, auf sich allein gestellt, tausend Gefahren und Hemmnissen zum Trotz, dem eigenen ethischen Wollen die Bahn brechend, zu wirken vermag. Und dann sollen wir uns überlegen, was aus unserem Kulturleben werden könnte, wenn ein jeder von uns ein solches Ideal in seiner Brust trüge, oder doch nach der Erringung eines solchen in tätigem Handeln strebte.

Gottesglaube.

„Wie oft in meinem Leben habe ich jene große Potenz bewundern müssen, welche aus uns unbekannten Gründen und Ursachen Folgen und Ereignisse zieht, die uns überraschend kommen, weil wir eben nichts von der Veranlassung dazu wußten! Diese Macht wird von dem gewöhnlich denkenden Menschen Zufall genannt. Man macht es sich da leicht; man braucht keine geistige Anstrengung dazu; man hat keine Verantwortung; man riskiert nicht, wegen des »Ammenmärchens« von Gottes Weisheit ausgelacht zu werden; man sagt eben von jeder auf unerwartete und unerklärliche Weise eingetretenen Tatsache, daß sie dem Zufalle zu verdanken sei. Ich beneide die Anhänger der Zufallslehre nicht. Sie beugen ihre Häupter vor dem bloßen, aller Intelligenz baren Ungefähr, vor einem seelen- und willenlosen Etwas, welches ihnen keinen Halt bieten kann, sondern ihnen denselben nur zu rauben vermag. Wieviel glücklicher ist da doch derjenige, welcher glaubt, daß Gottes Auge ihn bewacht und Gottes Vaterhand ihn durch das Leben leitet! Für ihn sinken die in sein Leben eingreifenden

Ereignisse nicht zu unmotivierten Vorgängen herab, welche sich auch ganz anders hätten gestalten können, sondern alles, was geschieht, trägt einen zurückgreifenden Grund und eine weise, in die Zukunft blickende Absicht in sich, der man sich mit beruhigendem Vertrauen hingeben kann, obgleich man sie nicht zu begreifen vermag" (24. 528).

Es wurde bereits erwähnt, daß Mays Charakter die Zufallslehre begrifflich verdammt, wenn ihm auch oft eine Entgleisung in der Anwendung des Wortes begegnet. Wir ersehen aus diesem Ausspruch, daß die Verneinung des blinden Ungefähr nicht durch eine philosophische Betrachtung des Weltgeschehens bedingt ist, sondern in Zusammenhang steht mit der Ueberzeugung von der Heilsleitung eines gütigen Gottes (vergl. 2. 631). „Wohl dem Menschen, welcher erkennt, daß er zwar selbstbestimmend auf sein Schicksal einzuwirken vermag, daß aber doch eine mächtige Hand ihn immer hält und leitet, selbst dann, wenn er diese Hand von sich zu stoßen vermeint" (5. 87). Wieder und wieder zeigt sich Mays Bestreben, dem Leser darzulegen, daß wir von tausend Wundern Gottes umgeben sind, ohne es zu bemerken (5. 562), und wie wunderbar Gottes Wege sind, um seine Geschöpfe glücklich zu machen (13. 343); daß diese Wege uns aber nur seltsam erscheinen, während sie doch in Wahrheit so einfach und natürlich sind (7. 126). Diesen innigen festen Glauben hat May sich aus der Kindheit in das Mannesalter gerettet, durch die Stürme des Lebens und schwere innere Kämpfe (9. 117; 25. 87/91). Er empfindet allüberall die Gegenwart seines Gottes. Eine gleiche köstliche Frucht hat er in allen Ländern, bei allen Völkern gepflückt, „die Erkenntnis nämlich, daß ein großer, allmächtiger, allgütiger und allweiser Schöpfer waltet, der nicht bloß die Sonnen um die Welten wirbelt, sondern den Wurm im Staube bewacht, die Tiefen des Meeres und die Höhen der Berge bestimmt, mit seinem Odem den Halm des Grases und die Wedel der Palmen bewegt, im Brausen des Kataraktes, im Heulen des Sturmes und im Brande des Vulkanes zu uns spricht, im Tropfen ebenso waltet, wie im Ozeane, im Zweige, wie im Urwalde, im einzelnen Menschen, wie im ganzen Volke, und ohne dessen Willen kein Sonnenstäubchen fliegt, kein Blättchen fällt und kein Haar unseres Hauptes verloren geht" (11. 322).

Und die Ueberzeugung von der Allgegenwart des allmächtigen Schützers begleitet ihn auf jedem Wege (3. 554/5) und senkt einen wunderbaren Frieden in sein Inneres (11. 205). In der Einsamkeit des Urwaldes „wird ihm das Herz weit und groß; der Glaube schlägt seine Wurzeln tiefer und tiefer" (9. 332). So auch in der Unendlichkeit der Wüste: „Es steigen Ahnungen auf, die man vergeblich in Worte fassen möchte, und es wallen und wallen Gefühle und Empfindungen empor, die man aber nicht einzeln zu fühlen und zu empfinden vermag, weil sie eine einzige endlose Woge bilden, auf und in welcher man weiter und weiter schwebt; immer tiefer und tiefer hinein in ein andächtiges Staunen und ein beglückendes Vertrauen auf die unfaßbare und doch allgegenwärtige Liebe, welche der Mensch trotz des Wörterreichtums aller seiner Sprachen nur durch die eine Silbe anzustammeln vermag: — — Gott — — Gott — — Gott" (14. 396/8). Solche Nächte der Einsamkeit sind es, die den Blick nach oben lenken und das Herz erfüllen mit dem heiligen Gefühl der „Gottesnähe, der mit allen Fasern und Fibern empfundenen Gegenwart dessen, welcher die allerhöchste Macht und zugleich die allerhöchste Liebe ist" (18. 348/51). Es sind ergreifende, aus warmem Glauben strahlende Worte, welche May für jene Seelenschwingungen heiligen Glückes zu finden weiß (vergl. 25. 132/6).

Seinen Gottesglauben nun denen zu bringen, die ihn verloren haben, ist Mays heißestes Bemühen. Er will zeigen, wie eine bewußte Intelligenz durch Welt und Menschenleben wirkt, wie eine große Gerechtigkeit die Dinge, die Worte, die Gedanken miteinander verbindet, den Hochsinnigen zu seinem Glücke führt, und den, der sich höhnend und negierend dem allmächtigen Wesen entgegenstemmt und seiner Langmut trotzt, mit eherner Hand zerbricht.

„Es gibt eine göttliche Gerechtigkeit, gegen die die weltliche das reine Kinderspiel ist. Das ewige Gericht sitzt im Gewissen und donnert einem bei Tag und Nacht den Urteilsspruch zu" (8. 374).

Nicht jeder aber trägt die Kraft zur sittlichen Umkehr in sich. Wo das Gefühl für Recht und Unrecht erstorben ist, wo das Gewissen nicht mehr den klaren Maßstab für den Unterschied von Gut und Böse sieht, muß die strafende Hand der Gerechtigkeit eingreifen. So sucht unser Schriftsteller uns an einer Reihe von Beispielen, von Gestalten und ganzen Lebensbildern zu zeigen, welche Früchte es trägt, wenn man sich vermißt, wider den Stachel zu löcken.

Bis hierher können wir May uneingeschränkt folgen. Wir sehen, er verfolgt einen heiligen Zweck mit heiliger Begeisterung. Betrachten wir aber die Mittel, die Formen, die Details näher, so können wir nicht anders, als sagen, daß diese an Kraft so weit hinter dem Adel der Tendenz zurückbleiben, daß der Schriftsteller ihr eher zu schaden als zu nützen scheint. Bevor ich jedoch weitergehe, möchte ich betonen, daß ich auf Mays Weltanschauung als seine subjektive Glaubensansicht und ebenso wenig auf den Monotheismus bejahend oder verneinend eingehen will, sondern daß meine literarkritische Aufgabe nur und nichts anders als eine Wertung der A u s f ü h r u n g der Tendenz verlangt.

Wir unterscheiden drei Gruppen von Episoden, welche das oben Gesagte beweisen sollen.

Die erste umfaßt sittlich herabgekommene Individuen, welche durch Lästerung und Fluch die göttliche Vergeltung herausfordern. Hierher gehört Fletcher, mit dem Beinamen Old Cursing-Dry, der schwört, er wolle erblinden und zerschmettert werden, wenn er schuldig sei — sich dann selbst durch einen Pulverschuß blendet und von einer Felswand abstürzt (23. 560; 563/4); Grinder, der denselben Fluch ausstößt, er wolle erblinden, und sein Kumpan Slack, der wahnsinnig werden will, wenn sie den Mord, den man ihnen vorwirft, begangen haben. Auch sie trifft die Strafe der Erfüllung. Ein Blockhaus stürzt über ihnen zusammen: Grinder werden durch ein scharfkantiges Brett die Augen ausgeschlagen, Slack wird von einem schweren Balken am Kopf getroffen, so daß er eine Geistesstörung davonträgt (23. 596/7). Eine ähnliche Stellung nehmen Thomas Melton-Ischariot ein, dem May prophezeit, er werde sich selbst ermorden (22. 587; 609), und Sahar, der Zauberer, dem Halef voraussagt, er werde, da er Gott gelästert, von einem Löwen gefressen werden (26. 347; 354). Beide Weissagungen gehen in Erfüllung. Man vergl. auch das Gottesgericht zwischen es Sabbi und seinem Vater (10. 663/5), sowie den Fluch Ben Tawils (25. 550; 584).

Der vorurteilslose Leser wird über solche Erzählungen den Kopf schütteln; er wird sie entweder überhaupt für erdichtet halten, oder wird aus einem derartigen, wenn auch seltsamen Zusammentreffen von Umständen nicht den Schluß ziehen, den May daraus ziehen will: „Wer da noch leugnet, daß es eine ewige Gerechtigkeit gibt, der kein Mensch, ob hier oder im Jenseits, entgehen kann, der mag sich wohl hüten, durch das Walten dieser Gerechtigkeit zur Erkenntnis geführt werden zu müssen!" (23. 597). Wir sollen also sehen, daß Gott über ein armseliges, sittlich verkommenes Subjekt, dem eine Proletarierredensart zur Gewohnheit geworden ist — jedenfalls, ohne daß der Mensch von der Unmoral des Wortes eine Ahnung hat, und vielleicht, ohne daß er weiß, wie oft er es in den Mund nimmt — als Strafe für jene Verfehlung und zugleich als Exempel für die Mitmenschen die Erfüllung der törichten Redensart verhängt! Gehe ich zu weit, wenn ich behaupte, daß eine solche Darstellung von dem Wirken des Ewig-Unerfaßlichen nichts anderes heißt, als die Erhabenheit des göttlichen Wesens unter das Niveau menschlich-kleinlicher Rachsucht herabdrücken?

Zur zweiten Gruppe gehören der Pole Dozorka (26. 539/44; 595; 607; 616; besonders 608/9; 27. 450) und Old Surehand (14. 405/14; 19. 465/70), zwei Männer, welche ihren Glauben verloren haben und ihn mit Mays Hilfe wiedergewinnen. Das Uebereinstimmende ist: sie können nicht an Gott glauben, weil ihnen unverdientes schweres Leid zugestoßen ist. Es wäre nun eine große Aufgabe für den Schriftsteller gewesen, zu zeigen, daß diese Leute zum Glauben zurückkehren, trotzdem die erfahrene Prüfung sie an seiner Güte hat zweifeln lassen. Leider aber wählt May den Weg, daß er jene beiden sofort vom Atheismus geheilt sein läßt, sobald das Hemmnis fortfällt: sie werden mit den verloren geglaubten oder vergeblich gesuchten Familiengliedern wieder vereinigt — und der Glaube an Gott und Gottes Güte ist sofort wieder da.

Wir wissen, May schreibt nicht, um zu unterhalten, sondern um zu erziehen. Er will den atheistischen Leser von der Existenz eines liebenden allmächtigen Geistes überzeugen. Wie groß wird die Zahl derer sein, die an einem Gott der Allgüte verzweifeln, weil ein zu bitterer Schmerz sie betroffen hat, als daß sie ihn mit ihrem Glauben in Harmonie setzen konnten? Gewiß mögen viele durch die Lektüre solcher Erzählungen neue Hoffnung auf glücklichere Tage gewinnen; aber welchen Trost kann May all denen bieten, welche einen Verlust erlitten haben, der nie wieder ausgefüllt werden kann? Man beachte, wie wenig es ist, was May gibt. Er behandelt in einigen Beispielen nur den einen gleichen Fall: der vom Unglück Verfolgte wird von diesem Unglück befreit, sein Verlangen wird erfüllt — dann glaubt er wieder. Der Schriftsteller macht es sich also sehr leicht und bemerkt nicht, wie primitiv und einseitig seine Auffassung von den Gründen ist, welche aus schmerzlicher Lebenserfahrung zur Leugnung eines allgütigen Gottes führen können. Haben sich nicht unendlich tiefere Geister vergeblich bemüht, in Theodiceen den Glauben an einen allmächtigen, allweisen, allliebenden Gott mit der Tatsache des unendlichen Weltelends in Einklang zu bringen?

Zur dritten Gruppe rechne ich den schon erwähnten Fletcher, Hiller (25. 524/30; 610/3; 622) und besonders Old Wabble (14. 398/414; 19. 75/6; 488/501). Dieser König der Savanne mit dem schlohweißen Haar hat sich sein Lebtag nicht um Gott gekümmert und wendet sich hohnlachend von Old Shatterhand ab, der ihm das unendlich Traurige eines solchen religionslosen Zustandes in eindringlichen Worten vorhält. Aeußere und innere Trennung entsteht, tödlicher Haß auf Seiten des Amerikaners, tiefes, immer wieder verzeihendes Mitleid auf Seiten des überlegenen Deutschen, das die Erbitterung des anderen nur noch schürt. Endlich in der Todesstunde, in höchster Qual, findet der ungläubige Mann zu seinem Gott zurück. Eine dramatische Szene — und doch! Kann ein Glaube von Wert sein, zu dem man unter solchen Verhältnissen gelangt: ein alter Mann, von Wundfieber geschwächt, von den furchtbarsten Martern gepeinigt — man trägt ihn an sein offenes Grab, man spricht von seinen Sünden, von der Vergeltung, die seiner in wenigen Stunden harrt — ist es da anders möglich, als daß er, dessen Kraft gebrochen ist, der schwerlich noch klaren Denkens fähig ist, in Todesnot zur letzten Hilfe greift? Auf Erden gibt es keine Rettung mehr für dich; du stehst an der Grenze des unbekannten Landes, aus dem kein Wanderer wiederkehrt; siehe zu, daß dich nicht die Flammen der Hölle verzehren! — — Das ist nicht das freie, frohe Bekenntnis eines aufrechten, kraftvollen Mannes: „Ja, du mein Gott, ich glaube an dich, ich empfinde dein lebendiges Dasein in meinem Innern . . !" Es ist wie der Wahnsinnsschrei, den die Folter erpreßt.

Ein geistig Unmündiger mag durch derartige Lektüre aufgerüttelt werden; aber ein gebildeter Leser mit kritischem Verständnis wird sich von solchen Szenen abwenden. Denn wir sagen: wir halten einen Glauben für nichtig, der durch Todesangst und Todesqual erzwungen wird. Das gehört in's Mittelalter. Nach unserer Ueberzeugung kann der Gleichgültige wohl durch Schicksalsschläge zur Einkehr gebracht werden; der rechte, echte Glaube selbst wird nur aus innerem Erleben herausgeboren werden können.

Und wir halten es für ausgeschlossen, daß in einem ungläubigen Leser, der über eine, wenn auch nur geringe, geistige Schulung verfügt, durch jene Erzählungen ein rechter Glaube erzeugt werden könne; dem von bewußtem Atheismus erfüllten Gebildeten vollends werden sie nur Material liefern, um unter Hinweis auf das Theatralische jener Szenen die theistischen Vorstellungskreise nur noch mehr zu zerstören. Dies dürfte aber doch Mays Wünschen nicht eben entsprechen. Er hat das Eine nicht bedacht: man wirft den Gegner erst dann aus seinen Positionen, wenn man den Gegner und die Positionen kennt. Er hat es so wenig bedacht, daß er mehrfach in höhnischen Tiraden über die Naturwissenschaft und Philosophie herzieht, ja, daß er sich damit brüstet, daß die Werke der „großen Philosophen" in seiner Bibliothek „glänzen", weil er sie außerordentlich schone, indem er sie fast nie in die Hand nehme (14. 408). Wir können einen solchen Standpunkt nur bedauern. Ein Schriftsteller, der es unternimmt, der Lehrer seiner Leser zu sein, hat die Pflicht, sich, und zwar gründlich, über die Probleme zu orientieren, die er behandeln will. Es genügt nicht, einige Religionssysteme studiert zu haben. Auch jene „großen Philosophen", die May so spöttisch mit Anführungszeichen versieht, haben gewiß ebenso redlich wie er, jeder auf seine Art sich bemüht, ihr und der Menschheit Sehnen nach Wahrheit, nach dem Wissen von den höchsten und heiligsten Dingen zu erfüllen, wenn sie auch zum Teil — zum Teil! — zu anderen Ergebnissen in der Definition des Weltgrundes gelangt sind, als der Monotheismus sie in dem Geiste Gottes gibt.

Man erhebt nicht sich und sein Können, indem man auf unverstandenes oder unbekanntes größeres Können verächtlich herabsieht.

Welchen verschrobenen Maßstab May an die Wissenschaft legt, ersehen wir aus folgenden Worten: „Jeder einzelne Gelehrte ist stolz auf seine kleine, irdische Wissenschaft, und der Stolz aller Gelehrten, die es gab und gibt, zusammengenommen, lieferte das Material zu einer Mauer der Einbildung und Ueberhebung, mit welcher ihr euch umgeben und eingeschlossen habt. Hinter dieser Mauer sitzt ihr als Gefangene eurer Wissenschaft und könnt nun nicht mehr über sie, die immer höher steigt, hinweg und hinaus ins Weite blicken. Das kleine, runde Stück Himmel, welches ihr über euch noch sehen könnt, imponiert euch nicht, weil es eurer Gelehrsamkeit ja so leicht wird, die Luft da oben in Stick- und Sauerstoff, und das darin flutende Licht mit einem Stückchen Glas in Farben zu zerlegen.“ Freilich gibt der Vertreter dieser mittelalterlichen Ansicht zu: „Du sollst die Erde mit allem, was sie trägt und bietet, kennen lernen; du sollst die Kräfte, mit denen, und die Gesetze, nach denen Gott hier waltet, wohl mit Fleiß studieren; du sollst die Erscheinungen der irdischen Natur und die Entwicklung des Menschengeschlechts mit steter Aufmerksamkeit verfolgen" (25. 305; 304); aber wozu der giftige Hohn, die Verachtung? „Sieh die Wüste", lesen wir an anderer Stelle, „im Glanze der Sterne liegen! Geht er nicht vom Vater aus? Oder denkst du, daß er einen Urquell habe, den du mit Hilfe deiner sogenannten Wissenschaft erreichen und chemisch begutächteln kannst, um ihn dann in Flaschen mit patentiertem Gummiverschluß per Reklame zum Verkaufe en gros und en détail auszubieten?" (25. 134/5). Aehnliche geschmacklose Bemerkungen 25. 325; 237/8.

Doch wir lassen May bei seinen Ansichten über „die winzig kleinen Geisterlein, welche sich bei dem Oele des Rübsamens und des Rapses einbilden, von ihrem Tische aus das ganze All ergründen zu können" (29. 4). — Wir sahen, daß in den von May gezeichneten Lebensbildern der Grund für die Entstehung des Unglaubens der Zweifel an Gottes Güte ist; bei Hiller kommt noch eine Dosis Hochmut hinzu, der bei Klekih-petra (7. 128) als alleinige Ursache angegeben wird; Old Wabble ist von Haus aus religionslos. Als weitere Arten von Ungläubigen nennt May: „Der eine ist zu gleichgültig, der andere zu faul, der dritte zu stolz, nach Gott zu suchen; der vierte will sein eigener Herr sein und keinen Gebieter über sich haben; der fünfte glaubt nur an sich; der sechste nur an die Macht des Geldes; der siebente an das große Nichts; der achte an den Urstoff, und der neunte, zehnte, elfte und die folgenden alle jeder an sein besonderes Steckenpferd" (19. 466). Wir fassen zusammen. Die Gründe sind Indifferenz, Hochmut und die materialistische Pseudophilosophie. Was May mit dem Glauben an das große Nichts meint, ist sein Geheimnis (Nihilismus? Buddhismus?). Wir sehen auch hieraus, wie einseitig Mays Auffassung und Kenntnis von dem Problem des Atheismus ist. Unter Atheismus verstehe ich übrigens die Ueberzeugung von der Nichtexistenz eines Gottwesens mit den Attributen des monotheistischen Dogmas. Ja, es scheint, daß May so weit von der Würdigung der theistischen Probleme und der Klarheit über sie entfernt ist, daß er gelegentlich Aeußerungen über einen Gottesbegriff tut, der sich mit dem christlichen kaum noch deckt. Ein Gott, von dem es heißt: „Er wohnt in den Städten, und blickt auf die Hammada, er wacht über den Wassern, und er rauscht durch das Dunkel des Urwalds; er schafft im Innern der Erde und in den hohen Lüften; er regiert den leuchtenden Käfer und die blitzenden Sonnen", mag dem monotheistischen Standpunkt noch eben entsprechen als eine poetisch gefärbte Definition. Wenn es dann aber weiter heißt: „Du hörst ihn im Jubel der Lust und in dem Rufe des Schmerzes; sein Auge glänzt aus der Träne der Freude und schimmert aus dem Tropfen, mit welchem das Leid die Wange befeuchtet" (3. 554/5), so nähert sich diese Gottesvorstellung doch erheblich dem Pantheismus, der unbedingt aus der Definition spricht:

„Gott ist das absolute Ich; wer ihn leugnet, vernichtet sich selbst" (26. 543).

Wir schließen dieses Thema, dem wir nicht viel Gutes abgewinnen konnten. Wer sich über die Art und Weise, wie May seinen Gottesglauben in nicht immer logischer Darstellung vertritt, näher zu orientieren wünscht, gehe die religiösen Gespräche mit Old Wabble, Old Surehand und Dozorka durch (s. o. angegebene Stellen) und vergleiche damit die im ganzen tiefer greifenden Offenbarungen des Münedschi (s. u. „Der Mensch und das Jenseits").

Unser Endurteil kann nur das sein, daß der Schriftsteller hier, wo er, für das höchste Wesen eintretend, seine Kräfte aufs höchste hätte anspannen sollen, die Schwierigkeit des Problems verkennt und das Ziel, das er in verschobener Stellung erblickt, mit schwächlichen Waffen fruchtlos angreift. In unserer materiellen und materialistischen Zeit ist jeder Kämpfer für das Göttliche mit Freuden zu begrüßen; ein solch kenntnisloses, überzeugungsstolzes Verfechten des Gottesbegriffs kann jedoch dem Theismus nur schaden; denn es setzt ihn dem Spotte des wissenschaftlich, philosophisch und logisch gebildeteren Gegners aus. Und das ist traurig. Hoffen wir, daß May auf diesem Gebiete noch zur Vertiefung und Klärung komme und die rechten goldenen Waffen finde!

Christentum.

Eine Parallele zu dem Bestreben Mays, Gestalten seiner Reiseerzählungen unmittelbar, und dadurch den einen oder andern Leser mittelbar zum Gottesglauben zurückzuführen, finden wir in seinen Bemühungen, das Christentum und seinen sieghaften Weltwert leuchtend darzustellen, wobei der Grundsatz festgehalten wird, sei es bewußt, sei es unbewußt, daß der Weg zum Dogma durch die Ethik im praktischen Wirken des eigenen Beispiels geht. Und wir müssen sagen: einen so breiten Raum auch die Entwicklung der monotheistischen Tendenz bei May einnimmt — die Ethik bildet den Zentralpunkt seines Wirkens und Wollens. Und dennoch, sehen wir ab von flüchtigen Einzelzügen wie:

Preis der Liebe zum Freunde (4. 520; 6. 369; 553; 9. 389; 18. 302/7; 20. 255; 28. 118; 30. 231/2),
Preis der Liebe zu den Eltern (4. 107; 30. 3; 37),
zu den Tieren (3. 87; 626; 637/43; 7. 387/8; 12. 144/5; 328; 20. 258/9; 25. 474/5; 28. 122; 280),

Geißelung der Undankbarkeit (20. 404/6; 445/7;
27. 373/6),

des Hochmutes (25. 43 ff. Waller Band 30)

und der erzieherischen Betonung so vieler anderen menschlichen Vorzüge und Fehler, und betrachten wir nur die zwei Grundlinien der Nächstenliebe—Hilfe dem Schwachen oder Unglücklichen und Vergeltungslosigkeit, i. e. Feindesliebe — so zeigt sich, so sehr wir die hochsinnige Auffassung Mays von der Nächstenliebe anerkennen werden, daß sein Wirken nicht der Betonung der ethischen Werte des Christentums dienen, sondern die Lehren, ja oft nur den bloßen Namen des „Christen" hervorheben soll; denn am letzten Ende ist es, wenn er einer Not abhilft oder einen Gegner begnadigt, immer wieder, falls überhaupt ein tieferer Zweckgedanke mit der Tat ausdrücklich verbunden wird, sein Bestreben, dem Andersgläubigen, wie beim Gottesglauben dem Ungläubigen, die Erhabenheit des Christentums zu zeigen. Erst spät gelingt es May, den warmen Liebesinhalt die starre Form durchbrechen zu lassen. Die andersgläubigen Religionscharaktere nun, welche hier in Frage kommen, sind vorzugsweise Indianer, Chinesen, Parsen, und vor allen Muhammedaner. Am schwächsten sind die Indianer behandelt. Wir hören einiges über Manitou, den großen Geist, den wir schon aus dem Lederstrumpf kennen, wir sehen die Kapriolen des Medizinmannes. Alles andere, was wir von May über Leben und Treiben der Apatschen und Comantschen, der Sioux und Kiowas erfahren, sind entweder, wie obige, in jeder Indianergeschichte genannte Dinge, z. B. Erlangung und Heilighaltung des Medizinbeutels, oder sie entbehren des religiösen Grundtons, gehen uns also hier nichts an. Jedenfalls lernen wir über die religiöse Welt des Indianers nichts Neues; haben auch wenig von der nicht eben tiefgehenden Darstellung der inneren Wandlung, welche Mays bedeutendste indianische Charaktergestalt, Winnetou, zum christlichen Glauben führt (9. 427; 474).

Anders mit dem Islam. An zahlreichen Stellen wird der Kultus des Muhammedanismus geschildert, an vielen religiöse Gespräche geführt, z. B. 1. 180/1; 18. 194/5; 23. 251; 500; 27. 141; 521/4); doch denke der Leser nicht, daß er ein objektives Bild des Moslems und seines Glaubens wie seiner Gebräuche erhalte. Selten erscheinen solche Betrachtungen von wissenschaftlichem Interesse — wenn man bei May überhaupt das Wort „Wissenschaft" in den Mund nehmen darf — getragen, fast immer ist es die Tendenz, die den Ausschlag gibt, d. h. der Islam ist, wenn auch dem Muhammedaner nicht tiefes, religiöses Empfinden abgesprochen wird (1. 152/3; 21. 379), nur die Folie, welche dazu dient, die hellen, milden, freundlichen Seiten des Christentums hervorzuheben, die erhabene Liebeslehre unseres Heilandes mit den rauhen, rohen Eigenschaften jener unkultivierten Völker des Orients, der Araber und Kurden, in schneidenden Gegensatz zu bringen und uns, den Lesern zu zeigen, welchen Eindruck und Einfluß das

Christentum, in einer christlichen Idealfigur, Kara ben Nemsi, verkörpert, selbst auf solche von Grausamkeit, Haß und Rachsucht erfüllten Seelen ausübt. Der Gedanke dabei ist, wie nicht unklar bleibt, der: wenn das Christentum aus solchen unkultivierten Menschen von Glauben erfüllte und in Liebe handelnde wahrhafte, nicht sogenannte Christen macht, wie könnte es dann erst in unserm gesitteten Europa, in unserer zivilisierten Gesellschaft aussehen, wenn wir nur dem Beispiele jener geistig armen Naturmenschen folgen und unser Herz der Lehre von der selbstlosen Nächstenliebe öffnen wollten! Und wenn wir dann, von diesem Gefühle ganz selig, in das Leben und durch das Leben gingen, helfend und fördernd, wo wir Leid und Schwäche sehen, verzeihend und nicht richtend, nicht in kleinlicher Rachsucht verfolgend, wo die törichte Bosheit eines andern sich gegen uns kehrt! Gewiß hat May recht, wenn er das Christentum — sprechen wir ganz objektiv — hoch über den Islam stellt, und er hat gleichzeitig recht, wenn er uns die Erhabenheit des Christentums zeigt, indem er den Islam als Gradmesser verwendet. Denn hat nicht die Religion Muhammeds niedere egoistische Regungen, häßliche Leidenschaften des menschlichen Wesens sanktioniert, während Christus spricht: „Ich habe die Welt überwunden!" Und sind nicht jene Regungen, Haß, Mitleidlosigkeit, maßlose Sinnlichkeit, von denen die feindselige Intoleranz des Orientalen, die Blutrache der kurdischen Berge, die Sklavenjagden arabischer Händler, die

Institution des Harems und der Glaube an die Huris des Paradieses sprechen, allgemeine menschliche Schwächen, gegen die unsere christliche Religion kämpft, ohne sie ausrotten zu können? Müssen wir nicht jedem dankbar sein, der hier — nicht mit weinerlicher Sittenapostelei und frommem Augenaufschlag pharisäische Klagelieder anstimmt, sondern mit kraftvoller Ueberzeugung sein eigenes ganzes Wesen einsetzt, um uns dies vor Augen zu führen und unsere Herzen zu diesem innigen Glauben zu zwingen, daß die Liebe die einzig hohe Gotteskraft ist, welche die Welt überwindet? Er bittet:

„Gebt Liebe nur, gebt Liebe nur allein,
Laßt ihren Puls durch alle Länder fließen —
Dann wird die Erde Christi Kirche sein
Und wieder eins von Gottes Paradiesen!" (30. 469).

So zieht Kara ben Nemsi durch die Länder, die von der harten Faust des verknöcherten Islam geknechtet werden. Er tut Gutes, wo er kann, er erweist Milde auch seinen Feinden, wo ein anderer Vernichtung bringen würde. Und wenn er auch hin und wieder seine Nachsicht bereut (28. 118) und sogar am Ende seiner Fahrten zweifelt, ob er die wahre, christliche Liebe und nicht vielleicht statt ihrer eine christliche Schwäche befürwortet habe (29. 117/8), so erscheint er uns doch als der sieghafte hochsinnige Vorkämpfer und Herold jenes schwersten, tiefsinnigsten Gebotes, das uns der Heiland gab: „Liebet eure Feinde, segnet, die euch fluchen, tut wohl denen, die euch hassen!" Er erweckt durch sein

Auftreten, das so ungleich — nein, das in diametralem Gegensatz zu dem Wesen und Wissen, Wollen und Wirken seiner Gegner stehend, die ihm gegebene Macht nicht ausnutzt, das, statt zu strafen oder zu töten, Verzeihung und Versöhnung durch eigenes Beispiel, vielleicht zum eigenen Schaden lehrt, tiefstes Erstaunen über das so völlig Unbekannte, eben dadurch einen tiefen Eindruck — Nachdenken — und eine Niederlage des inneren Menschen. Er verzichtet auf den äußeren kleinlichen Sieg über den Körper des Gegners zu Gunsten des edlen Sieges über des andern Seele. Und auch dieser Sieg ist kein egoistischer; denn Kara ben Nemsi, der Feind, der in sich den Freund verbirgt, siegt im Bunde mit den edlen Regungen des Gegners über seine, des Gegners, niedrigen und führt ihn so zum Siege seines besseren Ich über sein schlechteres.

Dies ist das Hohe Lied, das das Leben und Wirken Karl Mays durchtönt, die Liebe, die kein Deckmantel schwächlicher Feigheit ist, sondern sich mit höchster Kraft paart. Und sollen wir nicht diesem Liede lauschen und unsere Seele teilnehmen lassen an dem wundernden Staunen des Naturmenschen, der sein Leben lang in den Banden egoistischer Vergeltungssucht gelegen hat, nun, wo dieses Licht im Zenith erscheint, das uns die Botschaft kündet, daß wir nicht allein den Feind lieben sollen, sondern aus Liebe zu ihm das in ihm töten sollen, was seinem Edelmenschentum feindlich ist?

Den Einfluß, den Mays christliches Wirken durch das Wort und vor allem durch die Tat ausübt, schildert Omar ben Sadek in den Worten: „Du brachtest keine Lehren; du sagtest keine Worte, aber du sprachst in Taten. Du lebtest ein Leben, welches eine hinreißende, eine überzeugende Predigt deines Glaubens war. Wir waren deine Begleiter und lebten also dieses dein Leben mit. Der Inhalt des deinigen war Liebe, nichts als Liebe. Wir lernten diese Liebe kennen und liebten zugleich auch dich. Wir konnten nicht von dir lassen und also auch nicht von ihr. Sie wurde größer und immer mächtiger in uns; sie umfaßte nicht bloß dich, sondern nach und nach auch alle, mit denen wir in Berührung kamen. Jetzt umfängt diese unsere Liebe die ganze Erde und alle Menschen, die auf ihr wohnen. Wir haben den Kuran vergessen; wir sind gleichgültig geworden für die Gesetze des Propheten, durch welche die Geister, von denen du sprachst, ihre Macht über uns gewannen ... So hast du in uns den Geist der Selbstsucht, des Hasses, der Rache besiegt; so hast du aus uns Menschen gemacht, welche die Friedenspfade Allahs wandeln, und so bin auch ich durch dich aus einem nach Vergeltung schreienden, unerbittlichen Bluträcher ein gläubiger und folgsamer Anhänger des Gottessohnes geworden, der seine Lehre von der ewigen Macht der Liebe durch sein ganzes Leben, durch sein Leiden und dann durch seinen Tod besiegelt und bestätigt hat" (25. 89/90). Dieser Einfluß erscheint unendlich viel wichtiger, ansprechender und eindrucksvoller als die eigentlichen Bekehrungsszenen, in denen teils etwas Theatereffekt spielt — man denke an Schir Samurek und den Bären der Musallah, dem May ein Kreuz in die Tatzen gibt (18. 353/84) — teils das schon bei der Besprechung des Gottesglaubens beleuchtete häßliche Motiv des Zwanges durch Todesangst verwandt wird — der May-Leser erinnere sich an die gleichzeitige Bekehrung Ssali ben Aqils, des Feindes Schir Samureks, bei dem die höchste Verzweiflung zwar nicht allein den Uebertritt zum Christentum bewirkt, ihm aber doch den mächtigsten Anstoß gibt (18. 204/566); ferner die Rettung des Kindes aus den Tatzen des Panthers (10. 206/11) oder die ganz ähnliche vom Sandsee (23. 247/58), von denen die eine den Erfolg, die andere den Zweck hat, die Väter unter dem Druck der Todesangst um ihre in höchster Gefahr schwebenden Söhne zu der Anerkennung zu bringen, daß Christus mächtiger sei als Muhammed — bewiesen dadurch, daß May, der Christ, das zuwege bringt, was sie, die Orientalen, nicht leisten können. Höher steht die Annahme des Christentums durch den Diener der Okbamoschee (23. 356/61; 384/6), infolge der Hilfe, die May ihm durch ein Geldgeschenk leistet, und die des türkischen Hauptmanns, der, aus Gram und von Gewissensbissen gepeinigt, am Grabe seiner geliebten Frau ihren christlichen Glauben annimmt (4. 344/7). Besonders erfreulich sind die Gestalten des Schmiedes Schimin, dessen einfache, ehrliche Seele nach wahrem Glauben trachtet

(4. 278/83) und die des Ahmuhd Mahuli, der nach Erlösung aus den Fesseln des alle Tatkraft lähmenden islamitischen Kismetglaubens lechzt (27. 412/6; 452).

Am eindruckvollsten aber ist der Vorrang des Christentums vor dem Islam in der so überaus packend und wahr gezeichneten Figur Hadschi Halef Omars dargestellt. Die Klärung seiner Anschauungswelt zum christlichen Charakter mag er uns selbst sagen. Er fordert Kara ben Nemsi auf: „Man soll seinen Feinden vergeben und ihnen Gutes erweisen", und jener erwidert mit heimlicher Frage: „So denken und handeln die Christen; du aber bist doch kein Christ!" Da gibt er zur Antwort: „Ach, schweig doch, mein guter Sihdi! Du weißt ja, welche Gedanken und Gefühle in dem Herzen deines treuen Halef wohnen. Ja, es gab eine Zeit, damals, als ich in der Sahara dein Diener wurde, in welcher ich mir außerordentliche Mühe gegeben habe, dich zum Islam zu bekehren. Ich glaubte damals wirklich, daß kein Christ in den Himmel kommen könne; ich hatte dich so sehr, so unendlich lieb und wollte dich also neben mir im Himmel sehen; darum redete ich dir so viel von Mohammed und seinen Lehren vor. Du hast stets darüber gelächelt, so freundlich still, wie nur du lächeln kannst; du hast niemals mit mir über deine und meine Religion gestritten und gezankt, aber du hast mir nach und nach durch deine Gesinnungen und deine Taten immer klarer und deutlicher bewiesen, daß das Christentum in gar vielen Dingen höher steht als der Islam" (23. 410/11;

vergl. 1. 1/8; 6. 581 usw.).—Jene Taten freilich, durch welche May seine christliche Propaganda betreibt, wären nicht denkbar ohne die Hilfsmittel der Zivilisation, d. h. die inneren und äußeren Waffen, die ihm eine bedeutende Ueberlegenheit über seine Gegner sichern. Und ebenso wie er einerseits mit Recht die Religion davor in Schutz nimmt, daß sie es sei, die den Naturvölkern, speziell denen der Südsee, Schaden bringe, und betont, daß jene Vorwürfe vielmehr auf die Nachtseiten der Zivilisation zu beziehen seien (11. 32/4), hätte er beachten sollen, daß, wenigstens auf dem von ihm gezeigten Wege, die Religion und er selbst sich nicht hätten durchsetzen können, wenn nicht gewisse Errungenschaften unserer Kultur, womit ich nicht allein seinen 25schüssigen Henrystutzen, sondern eher noch seine überlegene geistige Schulung und die Kenntnisse, die er der verlästerten Wissenschaft verdankt, meine, sein religiöses Werk gefördert, ja — wohl erst ermöglicht hätten. Wir können deshalb Ssali ben Aqil nicht ganz beistimmen, wenn er zu May äußert: „Du, der du sie (die Liebe) mehr durch deine Taten als durch deine Worte predigst... bezwingst durch sie allein alle diese Menschen, welche sich einbilden, mit der Schärfe des Hasses und der Gottlosigkeit euch vernichten und den Kreis der Erde erobern zu können" (18. 539).

Ob nun May den richtigen Weg vor Augen sieht, wenn er eine kraftvolle Propaganda der Tat dem predigenden Wort, der stillhelfenden Nächstenliebe oder dem von christlichem Geist getragenen erzieherischen Wirken zu höherer Kultur vorzieht, mögen Berufenere entscheiden. Gewiß aber wollen wir den Pfad, den May geht, seinem leidenschaftlichen, innigen Liebeswillen folgend, nicht verurteilen.

Auf die Berufsmissionare ist May nicht gut zu sprechen. Er wirft ihnen vor, daß sie durch ihre Unvorsichtigkeit einen Teil der Schuld an den Verfolgungen der Christen in Kurdistan trügen (2. 113) und erklärt, er würde, wenn er ein Pionier der Zivilisation, des Christentums — von Beruf — sein dürfte, nicht zurückdrängend oder gar vernichtend unter seine fernen Brüder treten, sondern jede Form der Kultur achten (2. 615). Er tadelt jene englischen Sendlinge, die den Namen „God" für das höchste Wesen als das Kriterium des wahren Glaubens ansehen (28. 289 ff.), und jene typische Form des Missionierens, welche nur die eigene eng umschriebene konfessionelle Richtung gelten läßt und herrschen lassen will, geißelt er mit markanter Schärfe in dem dogmatisch beschränkten, starrsinnig fanatischen Amerikaner Waller (30), der sich in schweren Kämpfen und Leiden zu der idealen Forderung durchringt:

„Tragt euer Evangelium hinaus;
Doch ohne Kampf sei es der Welt beschieden,
Und seht ihr irgendwo ein Gotteshaus,
So stehe es für euch im Völkerfrieden."

Doch wir gingen fehl, wenn wir in all dem eben Besprochenen nur immer eine Spitze gegen die Missionare sehen wollten. Daß May auch ihr segensreiches Wirken anerkennt, erfahren wir 8. 349, wo Winnetou sagt: „Die frommen Patres, welche in unser Land kamen.., bauten Missionen bei uns und unterrichteten unsre Eltern und Kinder. Sie wandelten in Freundlichkeit umher und lehrten, was gut und nützlich war."

Nein, May wendet sich mit schmerzlicher Bitterkeit gegen allen konfessionellen Zank und Hader, gegen jede Ueberhebung der Glaubenssicherheit, die fern ist von verstehender Toleranz (16. 152). Wie er den Oberhirten der Dschesidi von den Missionaren sagen läßt: „Die Lehre der Christen ist gespalten. Wenn ihr uns einmal sagen könnt, daß ihr einig seid, so werdet ihr uns willkommen sein. Wenn die Christen des Abendlandes uns Lehrer senden, von denen jeder anders lehrt, so tun sie sich selbst den größten Schaden" (1. 568/9) — klagt er noch mehrfach über das Zerwürfnis in der Christenheit (25 347/8; 28. 466/7). Und er klagt nicht allein über diese Spaltungen, sondern geht mit überraschender Schroffheit gegen sie vor. Es mag dahingestellt sein, ob er hier in blindem Eifer nicht ebenso Ziel und Maß verliert, wie bei seinen Angriffen gegen die Wissenschaft; aber es läßt sich nicht leugnen, daß dieser Zustand der Uneinigkeit, den May nicht als einziger beklagt, für uns selbst, für unsere innere Kraft und äußere Macht, wie für unser Ansehen — mindestens in religiöser Beziehung — bei Andersgläubigen schweren Schaden schafft. Einige dieser Invektiven sind so prägnant und leidenschaftlich, daß ich sie wiedergeben möchte. So sagt der Münedschi von seinem Uebertritt zum Islam: „Lerne sie nur kennen, diese Christen! Wie sie sich getrennt haben in Sekten, Konfessionen und viele anders genannte Abteilungen, von denen jede behauptet, daß ihre Angehörigen allein selig werden! Wie sie sich hassen, sich anfeinden, sich verleumden und verfolgen! Wie sie sich gegenseitig nach den Fehlern spüren, um einander so viel wie möglich herabsetzen und in Schaden bringen zu können! Welche Freude, welchen Hohn, welche Selbstherrlichkeit gibt es da, wenn wieder einmal ein Fehler entdeckt worden ist" (25. 363). Ferner Ahriman Mirza: „Da kamen fremde Menschen, mit ihrer längst vergessenen, vergrabenen Lehre von der Liebe . . . Sie sprachen nichts als nur von Frieden und Versöhnung, von Gnade und Barmherzigkeit . . . Da schauten wir sie uns an. Wir verglichen ihre Worte mit ihren Werken . . . Sie sprachen von Frieden und bekämpften einander selbst. Sie lehrten die Versöhnlichkeit und entzweiten sich untereinander doch immer mehr . . . Sie predigten von der Gnade, verziehen einander aber nie. Sie verkündeten Barmherzigkeit und versagten einander des allerärmsten Bettlers Brot . . ." (28. 591). Konnte es zweifelhaft sein, ob May sich mit dieser Anschauungsweise identifizierte, so fällt dieser Zweifel bei folgenden Worten des Ustad unbedingt fort: „Die Geschichte einer jeden Anbetungsform hat eine Zeit des Martyriums, der Verfolgung um des Glaubens willen, aufzuweisen.

Ich meine hier die Verfolgung mit der Todeswaffe. Wenn dem Religionshasse diese Waffe entzogen worden ist, zieht er sich, rachsüchtig grollend, in den Schutz seiner Lehrsätze zurück, um aus ihnen heraus, die er für uneinnehmbare Mauern hält, auch fernerhin die Andersgläubigen nach Möglichkeit zu schädigen. Es gibt wohl nur wenige Breitengrade der festen Gotteserde, welche nicht die Spuren davon tragen, daß der Mensch keine andere Verehrung Gottes, als die seinige dulden will, obgleich es doch wohl allein Gottes Sache wäre, zu bestimmen, in welcher Weise der Mensch zu ihm zu sprechen habe. Dieser aber ist so verwegen, dem Herrn vorzuschreiben, was er zu dulden oder nicht zu dulden habe, und wenn die Berechtigung zu dieser Vorschrift von irgend einem andern angezweifelt wird, so ist man schleunigst mit der Behauptung da, daß sie ja Gottes eigene Offenbarung sei" (29. 21).

Und nun die Kehrseite. Wie May so oft die traurigen und häßlichen Erscheinungen des religiösen Fanatismus an Sunniten und Schiiten zeigt, so verurteilt er die religiöse Gleichgültigkeit der Chinesen (11. 122/3), die er freilich später viel objektiver und daher milder auffassen lernt (30. 34/5), und spricht mit scharfem Spott von den Namenchristen: „Da fährt sich der Herr Müller oder Maier Sonntags mit dem Waschlappen über das von den sieben Wochentagen her schmutzige Gesicht, bindet ein frischgewaschenes Vorhemdchen um, nimmt das Gesangbuch in die Hand und geht in die Kirche, natürlich auf seinen »Stammplatz« Nummer fünfzehn oder achtundsechzig. Da singt er einige Lieder, wirft einen Pfennig, zwölf Stück auf den Groschen, die jetzt nicht mehr gelten, in den Klingelbeutel und geht dann hocherhobenen Hauptes und sehr befriedigten Herzens nach Hause. In seinem Gesichte ist deutlich die Ueberzeugung zu lesen: »Ich habe für eine ganze volle Woche meine Pflicht getan; nun, du Gott, der alles geben kann, tue du auch die deine; dann gehe ich nächsten Sonntag wieder in die Kirche! Wenn nicht, so werde ich mir die Sache überlegen!« (19. 469). Ebenso verurteilt er die religiös Lauen, die aber von ihrer Vortrefflichkeit und Gerechtigkeit so fest überzeugt sind, wie der Pharisäer im Gleichnis (25. 317/8; 456/7).

Um die religiöse Unzulänglichkeit, besonders des ersten der beiden Extreme, des Fanatismus, in dem sich nur herrschsüchtiger Egoismus verbirgt, darzulegen, führt May uns zu den Dschesidi (1 und 2) und zu den Dschamikun (28 und 29) und zeigt uns eine einfache Reinheit der Lehre und vor allem eine milde, liebeerfüllte Ethik von der Erhabenheit des Christentums, wie es wohl unter den ersten tiefüberzeugten Christen bestanden haben mag.

In diesem Zusammenhange liegt die Frage nahe, welche Stellung May zu seiner eigenen Konfession, der katholischen, einnimmt. Eine eingehende Betrachtung dieser Frage ergibt, daß Mays Aussprüche über Dogma und Kultus des Christentums zwar die katholische

Nuance zeigen, daß es aber unrichtig ist, hier von jesuitischer Proselytenmacherei zu sprechen, wie man wohl getan hat.

Da diese Frage für protestantische Kreise nicht unwichtig ist, stelle ich im Folgenden alles zusammen, was ich an römisch-katholischen Anschauungsformen gefunden habe, wobei gleich bemerkt sei, daß May nirgends die protestantische Kirchenlehre, weder die lutherische noch die reformierte, angreift; höchstens wäre zu bemerken, daß die katholischen Missionare bei ihm besser wegkommen als andere; aber von den beiden hier zu nennenden Stellen bezieht sich die eine nur auf die englischen Missionare (11. 19); die zweite ist ganz allgemein gehalten (8. 349), so daß uns diese beiden Bemerkungen nicht zu beunruhigen brauchen. Ebensowenig wird es den Glauben eines Lutheraners oder Zwinglianers erschüttern, wenn er die christlichen Kongregationen gelegentlich rühmen hört (13. 96; 273).

Von der Mutter Gottes wird an 25 Stellen gesprochen. Winnetou wird tief ergriffen von einem aus Mays Feder stammenden Ave Maria-Gedicht, das ihm unerwartet aus einer weltverlorenen Ansiedelung des Westens im Gesange entgegenklingt (9. 414 ff.). In Kurdistan kommt May zu katholischen Christen (Band 23. „Maria oder Fatima"), er hört das heimische Aveläuten, er feiert mit ihnen das Fest des hl. Rosenkranzes, der noch häufiger erwähnt wird, und er hält eine Predigt — es ist wohl ein Ueberschreiten der katholischen Satzungen, wenn er als Laie die Funktionen des Priesters ausübt; aber May steht auf dem Standpunkt: „Jeder Mensch soll eigentlich für den Kreis, in welchem er wirken kann, nach Wort und Wandel ein Priester sein" (23. 462; vergl. 483). Als er die kurdischen Christen verläßt, malt er ihnen ein Madonnenbild für ihre Kirche (23. 500). Ein Heiligenbild wird 4. 402 erwähnt. Zu den bereits besprochenen Bekehrungen zum Christentum wäre hier eine weitere — auch mit Zuhilfenahme der Todesangst bewirkte — zu fügen, welche speziell katholischen Charakter trägt (10. 596/609). May besucht die Kathedrale in Montevideo (12. 37) und die — katholische — Missionskirche in Chartum (18. 558); er war in Rom und hat den hl. Vater mit den Kardinälen gesehen (5. 398). Er empfiehlt einem sterbenden Katholiken, sich durch einen Priester von einem erzwungenen sündhaften Eide lösen zu lassen (12. 275). Alle diese Dinge sind genau genommen und in Anbetracht dessen, daß sie sich auf 30 Bände verteilen, völlig belanglos. Eine einzige Stelle wäre zu nennen, welche eine katholische Tendenz enthält; Marah Durimeh fragt: „Hat nicht dieser eine Hirt (Christus) bereits seinen Statthalter auf Erden? Warum wendet ihr selbst euch von ihm weg? Kehrt zu ihm zurück, dann seid ihr einig, und die Macht dessen, der euch sendet, wird die Erde zu dem Heiligen Lande machen, in dem Milch und Honig fließt" (2. 634). Es ist nicht zu verkennen, daß der leitende Gedanke hier wie an so vielen Stellen der Schmerz über die

Zerrissenheit der Christen ist, und wer wollte sich darüber wundern, daß der Katholik sich eine Einigung nur unter der Oberherrschaft seines hl. Vaters denken und wünschen kann?

Das Endergebnis unserer Betrachtung kann nur dieses sein: Da May von Haus aus Katholik und ein gläubiger Mann ist, und da seine Werke religiösen Grundcharakter tragen, ist es nicht anders möglich, als daß katholische Elemente eingestreut erscheinen. Diese katholischen Töne klingen aber nur so leise an, daß von einer Tendenz zu Ungunsten anderer Konfessionen und zu Gunsten des Katholizismus auf keinen Fall die Rede sein kann. May behauptet immer und immer wieder, daß sein Christentum, seine Uebung der christlichen Liebe seinem Wirken zum Siege verhelfe, nie aber, daß sein Katholizismus es sei.

Sollte jemand dennoch fürchten, daß er durch den Hinweis auf Details des katholischen Dogmas beeinflußt werden könnte, oder es für andere befürchten, so würde er jedenfalls die Reiseerzählungen Karl Mays immer noch unbedenklicher in die Hand nehmen können, oder jenen anderen in die Hand geben dürfen, als etwa Scheffels Ekkehard mit seinem mönchischen Helden und Roseggers Romane, ganz zu geschweigen von dem größten Drama unserer Literatur mit seinem katholischen Himmel! —

Nein, wir wollen uns durch einzelne Namen und Kultformen nicht blenden lassen. May vertritt nicht den Katholizismus, wie er überhaupt keine Konfession auf Kosten einer anderen verherrlichen will. Er ist Christ und — ja, wenn wir die letzten Bände mit Aufmerksamkeit lesen, so werden wir den überraschenden Wandel gewahr, daß das dogmatische Christentum, für das die Ethik, wie am Anfang dieses Kapitels gesagt, nur Mittel zum Zweck war, aufgesogen wird von der alles überstrahlenden Lehre von der Liebe. Ihm ward, wie Shelley sagt: "To live, as if to live and love were one" — Lieben und Leben eins (25. 175). Sie „ist ihm" die einzige Macht, die einzige Kraft im Himmel und auf Erden. Sie erfüllt das Sonnenstäubchen und den Weltenraum, die kurze Sekunde des irdischen Zeitmaßes und die ganze Ewigkeit (25. 176). „Sie ist das einzige Licht, die einzige Nahrung der Seele" (512). „Die größte Selbstsucht ist mit all ihren Regungen, die ihr entspringen, doch nichts und nichts als Liebe, wenn auch nur Liebe zu dem eigenen Ich. Daß dieses Ich ohne die anderen Ichs unmöglich wäre, das ist der große, unwiderstehlich zwingende Grund, der im Verlaufe dessen, was ihr als Zeit bezeichnet, die Liebe zu sich selbst zur Bruder- und zur Menschenliebe macht" (26. 613). Und doch ... „Was versteht das gesellschaftliche Tier, Mensch genannt, denn eigentlich unter »Liebe?« Wenn die Hassenden sich zusammenrotten, damit Liga gegen Liga, Konfession gegen Konfession, Fraktion gegen Fraktion aufeinanderplatze, so behaupten auch sie, in Liebe verbunden zu sein. In ganz derselben Weise belieb- und behaßäugeln sich die Völker, ebenso wie auch die einzelnen Individuen" (28. 562).

Die Völker. Gerade in letzter Zeit ein eifrig durchgearbeitetes Feld der Wissenschaft und Literatur, dem auch Karl May, der antilogische, ein gut Teil seiner Gedankenarbeit gewidmet hat, freilich auf seine Weise, nicht vom völkerpsychologischen oder entwicklungsgeschichtlichen Standpunkte, sondern von dem einer ethischen Gerechtigkeit — das Rassenproblem.

Ausgehend von dem christlichen Gedanken, daß alle Menschen, ob weiß, braun oder gelb gefärbt, Gottes Kinder sind, und in dem Bestreben, „im Herzen des sogenannten Wilden die Spuren Gottes, die Wahrzeichen und Beweise der ewigen Liebe und Gerechtigkeit zu suchen", beklagt er den Untergang der roten Nation, die er für edel hält, edler oft als die Weißen, durch deren Schuld der Indianer aus einem kühnen, ritterlichen Jäger zu einem feigen, falschen, armseligen Bettler geworden sei (7. 1/6; 189: 8. 551; 13. 9/12; 179 usw.). Er sagt: „Geht mir mit einer Zivilisation, die sich nur von Länderraub ernährt und nur im Blute watet! Wir wollen da garnicht etwa nur von der roten Rasse reden, o nein! Schaut in alle Erdteile, mögen sie heißen, wie sie wollen. Wird da nicht überall und allerwärts grad von den Zivilisiertesten der Zivilisierten ein fortgesetzter Raub, ein gewalttätiger Länderdiebstahl ausgeführt, durch welchen Reiche gestürzt, Nationen vernichtet und Millionen und Abermillionen um ihre angestammten Rechte betrogen werden? . . . »Ich bringe euch meinen Frieden, ich lasse euch meinen Frieden!« hat der Weltheiland gesagt; nun tragt als Christen diesen Frieden hin in alle Lande und hin zu allen Völkern! . . Eure einzige Waffe soll nur die Liebe sein und auf eurem Banner darf man nur das Wort Versöhnung lesen . . ." (19. 127/8). Diese Worte könnte man dem dreißigsten Bande als Motto geben; denn hatte May schon an den genannten und anderen Stellen ein warmes Wort für die Indianer und ebenso für die Türken, die Kurden und Neger eingelegt, die in so gewissenloser Weise von Griechen, Armeniern und sonstigen sogenannten Christen ausgesogen und verderbt worden seien, und zu einer gerechten Würdigung aufgefordert (3. 450/2; 4. 67/70; 10. 442; 14. 241/2; 16. 45/6; 27. 474 ff.), so ist der Titel und das Thema von Band 30 „Friede auf Erden". Nicht steten Kampf und Vernichtung, nicht Verachtung und Ausbeutung, sondern ein gegenseitiges Verstehen und ein gemeinsames Kulturstreben eines jeden Volkes auf seine Art. — Erzieherische Wirkungen des Okzidentes auf den Orient finden sich schon in allen früheren Bänden, in denen von dem Verhältnis des christlichen Abendländers Kara ben Nemsi zu Halef, Hanneh und den Haddedihn die Rede ist; hier aber erfährt die Kombination von Okzident und Orient mit der dominierenden Stellung des ersteren eine schon im 28. und 29. Bande eingeleitete Verschiebung, indem der Einfluß der senilen

Passivität, in welcher die praktische Tatkraft erlischt und die diese verdrängende, über das Reale hinausgreifende mystische Beschaulichkeit den Maßstab für das Gegebene und historisch Notwendige verliert, zu einer unrichtigen Wertung des Orientes, der Heimat und Hochburg der Mystik und Phantastik, und damit zu der These einer Superiorität des Morgenlandes führt. Der Araber Omar, der Chinese Tsi und der malaiische Priester sind allerdings herrliche Gestalten, aber immerhin Idealgestalten, die unmöglich den Nationalcharakter der Araber, Chinesen und Malaien — die Japaner werden mit Stillschweigen übergangen — abspiegeln können. Doch wir wollen nicht aus den Augen verlieren, daß wir es mit ethischen Tendenzen zu tun haben, und beachten, daß die Tendenz stets die Summe der idealen Details, welche matt durch die Maschen der Realität glänzen, in sich steigernder Strahlung auf die Nebelwand der Zukunft projiziert. Deshalb soll dem Buche nicht die Ehre genommen werden, die ihm gebührt; vor allem deshalb nicht, weil, wir sagten es schon, die religiöse Stellung Mays in diesem Bande eine überraschende Läuterung erfahren hat. Es ist ein grenzenloser Enthusiasmus für die Menschheit, der hier über die dogmatischen Schranken hinaus die Liebe aller zu allen betont. Das Christentum, dessen Dogmen er früher so oft mit denen des Islams in scharfen Kontrast gestellt hatte, erhöht sich hier, die tiefe Ethik des Ostens freudig anerkennend, zu einer allumfassenden Menschheitsreligion (593/5). In ihrem heiligen Ringe schließen sich alle diejenigen aneinander, die sich zu dem Evangelium der Güte bekennen. So sagt May (p. 590):

„Werft von euch fort den falschen Heil'genschein
Und borgt nicht mehr auf des Erlösers Namen.
Laßt uns vor allen Dingen Menschen sein,
Damit wir Christen werden können. Amen!"

Der Orient ... Welche Welt steigt vor uns auf, wenn wir dem Klange dieses Wortes auf der Schwinge der Phantasie folgen! Von den häßlichen Seiten, die der moderne Osten dem Reisenden bietet, sprachen wir schon im Kapitel „Humor". Ein ganz anderes Bild entwirft May in Band 30. Es sind nicht die Realitäten des täglichen Lebens, sondern es sind die psychischen Schätze, nach denen er forscht, und die er uns als geschliffene Kristalle und schlackenloses Gold darbietet. „Wer Gedichte über und für die Menschheitsseele schreiben und den Völkern gerecht werden will, der darf nicht meinen, daß er die Gedanken dazu im kalten, selbstsüchtigen Abendlande finden werde, sondern er muß dorthin gehen, wo einst Gott selbst zur Erde kam und seine Engel sich den Menschen zeigen durften ... dann wird es der Menschenseele klar, daß auch ganz dieselben Strophen wieder zu ertönen haben, welche der Orient einst zu dichten begonnen, der Okzident aber als Hoheslied der Gottes- und der Nächstenliebe zu vollenden hat" (30. 9).

Man hat von dem genius loci gesprochen; die Bibel erzählt so oft, daß hier und da „Landesgötter" verehrt wurden — sollte das nicht eine tiefere Bedeutung haben? Man sagt: Reisen bildet — ein trivialer Ausspruch, bei dem man daran denkt, daß andere Umgebung, andere Menschen, Sitten, Trachten, noch ungeschaute Erscheinungen in Natur und Kunst auf den Geist einwirken, den Blick weiten; wem es aber gegeben ist, um und in sich zu schauen, der weiß, daß es nicht allein diese grobsinnlichen Elemente sind, die auf ihn Einfluß haben, er weiß, daß undefinierbare Fluiden ihn umgeben, daß seine Seele in anderem Glanze vibriert unter der leuchtenden Sonne Italiens als unter dem kalten Scheine des Nordlichts. Es ist, als ob die heimlichen Geister des Landes uns mit Ideenströmungen umgeben, die uns ein so ganz anderes zutragen, als wir es in der Heimat erfahren haben. Ist dem so, so gibt es auf Erden wohl keine Stätte, die einen solch tiefen Zauber auf den nüchternen Europäer auszuüben vermöchte, als der Orient. In seinen Lüften schweben und weben noch heute die Geister und Feen, von denen Scherezadens Lippen in ewig jungen, bunten, Blumenduft atmenden Märchen kündeten. Aus ihm gingen die vier gewaltigsten Religionen der Erde hervor: Moses und Jesus, Buddha und Muhammed sind seine Söhne. Von dem Geistesgut der Lande des Aufgangs zehren wir noch heut trotz ihrer materiellen Hilflosigkeit, verglichen mit unseren gewaltigen Machtmitteln. Man spricht vom kranken Mann, der dem Tode nahe sei — dürfen wir nicht vielleicht eher an Dornröschen denken, die des Ritters, an Brunhild, die des Recken harrt, der sie erweckt und neuem, goldenen Leben entgegenführt? So sagt auch Mary Waller: „Ich habe den Orient noch nicht gesehen; aber ich liebe ihn und wünsche, daß er sich stärker erweisen möge, als zum Beispiel du, Vater, mit so vielen anderen denkst. Er ist für mich ein schlafender Prinz im stehengebliebenen Saale einer eingefallenen, morgenländischen Königsburg. Seine Bestimmung ist, von einer abendländischen Jungfrau aufgeweckt zu werden. Wenn dann durch beide der Osten mit dem Westen in selbstloser Liebe vereinigt ist, werden alle Völker der Erde glücklich sein" (30. 15).

Und diese geheimnisvollen, schlummernden Mächte hat Karl May erkannt; ihm scheint sich dort alles zu regen und zu bewegen, dem Morgenrot der Auferstehung zu. Können wir ihm so unrecht geben? Die Kanonen der Japaner dröhnten nicht allein auf den Schlachtfeldern der Mandschurei, ihr Donner pflanzte sich fort über Indien nach Konstantinopel und hallte wider an den Felsen des Atlas. Und wir, die Zivilisatoren? Karl May wagt es, dem Europäer einen Spiegel vorzuhalten. Er zeigt ihm den törichten Hochmut, den Glaubensdünkel, den nationalen Bildungsstolz, den das christliche Abendland seit so langer Zeit und so sehr noch heute dem Morgenlande gegenüber zur Schau trägt. — Dem Orient verdanken wir viele unserer höchsten und bedeutungsvollsten Güter, von der Christusreligion bis zum menschenmordenden Schießpulver. Dankbar waren wir dem Geber nie; sondern je mehr er gab, desto mehr nahmen wir ihm. Und die christliche Liebe? ...

Gewiß wird der Idealismus eines May die Regierungen Europas nicht von ihrer Kolonialpolitik abbringen; gewiß werden Russen und Engländer als Erben der Spanier und Portugiesen weiter den Chinesen und Inder ausbeuten und der Verbreitung des Opiums, des Alkohols und der Geschlechtskrankheiten auch fernerhin Vorschub leisten; aber doch sollten selbst in unserer materialistischen Zeit solche Stimmen des Idealismus nicht ungehört verhallen; wenn auch nur, um uns vor dem Schaden zu warnen, der znr Nacht über uns hereinbrechen kann, wenn — der schlummernde Riese die Ketten des Schlafes von sich schüttelt; wenn

„Die Natur erwacht, und mit schweren, ehernen Händen
An das hohle Gebäu rühret die Not und die Zeit".*)

---

*) Dabei kommt mir ein Aufsatz über „Der Islam und die europäische Kolonisation" von A. H. Schmitz („Tag" vom 29. 10. 08) in die Hand, in dem sich der bemerkenswerte Satz findet: „Europa braucht sich nicht zu rechtfertigen, wenn es seiner Arbeit schlechtverwaltete Länder erschließt; aber es sollte in seinem Kulturhochmut nicht vergessen, daß in Jahrhunderten seine Leistung vielleicht nichts anderes gewesen sein wird, als durch seine Unruhe die alten Kulturvölker Asiens und Nordafrikas aus ihrer langen Erstarrung erweckt zu haben."

Der Mensch und das Jenseits.

Wir betrachteten im vorigen Kapitel eine Reihe von Glaubensmomenten, welche der katholischen Kirchenlehre eigen oder doch von ihr besonders ausgebildet sind. Ein weiteres haben wir noch eingehend zu behandeln, da es mit anderen für May wichtigen Anschauungen im Zusammenhang steht, — den Glauben an Schutzgeister.

„Wie tröstlich und beruhigend, wie ermunternd und anspornend ist es doch, zu wissen, daß Gottes Boten stetig um uns sind. Wer überzeugt ist, daß unsichtbare Wesen ihn umgeben, welche jeden seiner Gedanken kennen, jedes seiner Worte hören und alle seine Werke sehen, der wird sich gewiß hüten, soviel er kann, das Mißfallen dieser Gesandten des Richters aller Welt auf sich zu ziehen“ (19. 152 ff.). Diesen seinen Schutzgeist — oder sind es mehrere? — charakterisiert May: „Er heißt Marrya (Marie) ... Seine Wohnung schmiegt sich an die Stufen von Allahs Thron; seine Gestalt ist Schönheit, sein Gewand Weisheit, seine Stimme Sanftmut und sein Blick Liebe, Liebe, nichts als Liebe“ (25. 170;

siehe auch 87/8; 406; 517; 26. 606; 30. 188; 204; 345 u. ö.). Von Winnetou erzählt er: „Zuweilen, wenn wir mit einander im nächtlichen Dunkel lagen, rings von Gefahr umgeben, da geschah es, daß er die Hand hob, um grüßend rundum zu winken, und als ich einst fragte, warum er das tue, antwortete er: »Mein weißer Bruder frage nicht; wir sind beschützt, das mag dir genügen! ... Wenn man in Gefahr ist und ihn (Manitou) um Hilfe bittet, so sendet er seine Krieger herab, die für uns kämpfen. Mein weißer Bruder nennt diese Freunde Engel; ich sage Krieger; denn das Leben ist ja stets nur Kampf. Du hast auch zuweilen nicht Engel, sondern Schutzengel gesagt und nur von einem gesprochen; ich aber weiß, daß mehrere bei mir sind, so oft ihr Beistand nötig ist« (25. 340). Dieser Schutzgeist, von dessen Betonung die evangelische Dogmatik wie von der der Engellehre Abstand nimmt (vgl. D. Hermann Schultz, „Evangelische Dogmatik", p. 46), „ist gewissermaßen eine Personifikation der helfenden und tragenden göttlichen Gnade, wie sie einer kindlichen, auf das Konkrete gerichteten Anschauungsweise wohl entspricht, und spielt deshalb dieser Glaube an persönliche Schutzgeister oder Schutzengel bis heute in den verschiedensten Religionen, wenn nicht im offiziellen Dogma, so doch im Volksglauben, eine bedeutende Rolle" (E. v. Hartmann, „Das religiöse Bewußtsein der Menschheit", p. 201).

Ueber seinen Glauben an Engel im allgemeinen äußert May: „Man darf heutzutage kaum mehr von den Engeln reden, obgleich sogar in der Bibel zu wiederholten Malen und deutlich genug von ihnen gesprochen wird. Warum? Der eine versteht unter ihnen wirklich existierende Geschöpfe Gottes; der andere läßt sie nur als Personifikationen gewisser Kräfte oder Eigenschaften gelten" (28. 505).

Während er also hier die Frage über die Individualität der Engel offen läßt, erklärt er 30. 346: „Boten kennt der Himmel nicht, er naht sich uns stets selbst! Wenn wir ihn bei uns fühlen, doch ohne ihn zu sehen, so reden wir von Engeln."

Der Glaube an unsichtbare, weil körperlose Geister, berührt sich mit der Ueberzeugung von dem Bestehen einer transzendentalen Gemeinschaft mit den abgeschiedenen Seelen der Vorfahren, dem Ahnenkult der Chinesen, für den May in der Meinung, er habe ihn erst so recht verstanden, in Band 30 eine Lanze bricht. So sagt Tsi: „Wenn man im Abendlande doch endlich einmal ernstlicher und besser nachdenken wollte über das, was man so unsinniger Weise als unseren »Ahnenkultus« bezeichnet" (411). Von dem Gedanken ausgehend, daß die Ewigkeit nicht erst nach unserem Tode beginne, gibt derselbe Tsi dem Glauben Ausdruck, daß auch die Seelen der Vorfahren ebenso und nicht anders der gleichen Ewigkeit angehören: „Wenn Ihr Glaube diese Seelen in die Ewigkeit versetzt, in welcher Sie sich doch in Wirklichkeit schon selbst auch befinden, so sagt er doch weiter nichts, als daß sie hier bei Ihnen geblieben sind. Und ist dies der Fall, so ist es doch ganz selbstverständlich, daß diese Geister nicht nur auf uns wirken können, sondern sogar auf uns wirken müssen, besonders da es für sie keine körperlichen und räumlichen Verhältnisse gibt, durch welche sie daran gehindert werden. Für uns Chinesen ist das etwas so unendlich Selbstverständliches, daß wir mit unsern nur scheinbar Abgeschiedenen in der lieben, dankbaren Weise verkehren, welcher Sie so unberechtigter Weise die Bezeichnung Ahnenkultus gegeben haben. Ich sage Ihnen, daß es für andere von unermeßlichem Vorteile sein würde, wenn auch ihnen endlich die Erkenntnis käme, daß sie durch ihren Unglauben in dieser Beziehung zu einer lieblosen Entfremdung mit denen geführt werden, welche sich in diesem Leben für uns opferten und sich auch in jenem weiter für uns opfern, ohne daß wir es ihnen hier danken können, es ihnen also nun dort danken sollen! Sie sind da, sie sind hier bei uns; ich schwöre es ihnen zu! Nun denken Sie sich ihr Herzeleid, ihre Trauer darüber, daß Sie sie von sich verstoßen und nichts von ihnen wissen wollen, und zwar nur aus dem ganz unzureichenden Grunde, daß Ihre materiellen Sinne nicht fein genug sind, das Geistige zu schauen, zu empfinden! Es sind bittere Schmerzen, welche Sie dadurch den teueren Wesen bereiten, welche Ihnen hier in der Zeit nahe gestanden haben und auch hier in der Ewigkeit nahe bleiben sollen ..." (475/6; vergl. 37/9.) — Ich halte es nicht für meine Aufgabe, diesen so schönen und mit so warmen Worten geschilderten Glauben irgendwie zu kritisieren und will nur die von May getadelte Ansicht des „Abendlandes" durch aus berufener Feder stammende Worte darstellen: „Es ist selbstverständlich, daß Menschen, welche sich von den Geistern der Toten in dieser Gestalt umgeben, beobachtet und bewacht glauben, ein anderes Verhältnis zu den Vorfahren einnehmen werden, als solche, die sie mit dem Tode der völligen Vernichtung anheimgefallen glauben. Die Pietät hat hier einen Anhaltspunkt zur Betätigung; man scheut sich davor, etwas zu tun, was man bei Lebzeiten derselben vor ihren Augen unterlassen haben würde, man setzt ihnen Speisen und Getränke vor, selbst dann noch, wenn das Opfer die Bedeutung der Götterfütterung bereits abgestreift hat, und man lauscht in Träumen und Wahrzeichen auf die nützlichen Winke, welche sie ihren Lieben zu erteilen sich bewogen finden. Dieser Ahnenkultus hält sich aber in den Grenzen einer einfachen Fortsetzung der pietätvollen Verehrung, die man ihnen im Leben gezollt hat, und höchstens verleiht das Geheimnis des Jenseits demselben eine mysteriöse Weihe. Erst dann, wenn die Ahnengeister zu Schutzgeistern des Hauses oder der Familie emporgeschraubt werden, kann die Verehrung derselben den Charakter eines religiösen Kultus im engeren Sinne gewinnen, insofern sie angefleht werden, ihre Schutzmacht wirksam zu betätigen, Unheil abzuwehren und Glück und Segen zu spenden . . ." (E. v. Hartmann, Das religiöse Bewußtsein der Menschheit, p. 99.)

Die Voraussetzung für die Verehrung der Ahnen als übersinnlicher Individualitäten ist der Unsterblichkeitsglaube und für diesen wiederum die Ueberzeugung von der Existenz einer immateriellen Menschenseele. Wir wollen diese Glaubenslinie mit ihren Abzweigungen rückwärts verfolgen.

Die Frage der absoluten Leugnung eines Seelenwesens behandelt May nicht weiter; er begnügt sich damit, die sensualistische Lehre des Islams anzugreifen, nach der das Weib lediglich Sinnenwesen, Objekt des männlichen Geschlechtstriebes sei. Ohne indessen näher auf das erotisch-sarkische Moment einzugehen[1]), überzeugt er Hanneh, daß die Frau ebenso gut eine Seele habe wie der Mann. Ueber die fadenscheinigen Gründe, die er da vorbringt, sieht man hinweg unter dem Eindruck jener psychologisch ergreifenden Szene, die mit dem leidenschaftlich-angstvollen Aufschrei einsetzt: „Es wogt ein weites, tiefes Meer in meiner Seele; seine Wellen sind Gedanken, welche bald mich töten, bald mich an das feste Ufer tragen wollen. Es gibt in meinem

[1]) Die Weibesliebe wird von May zwar nicht übergangen; aber sie bildet doch für ihn kein wichtiges Thema. Dort, wo sie behandelt wird, besonders in dem Verhältnis ehelicher Treue Halef-Hanneh, erscheint sie in durchaus sittlich unbedenklicher Form. Liebesszenen sind selten und dann dezent und mit leichtem Humor dargestellt. Schlüpferigkeiten oder Obszönitäten habe ich nirgends gefunden. May hätte auch, selbst wenn er gewollt hätte, seinen Werken nicht die von vielen gesuchte Würze erotischer Bilder und Szenen geben können, ohne sich und damit seiner sittlichen Tendenz ins Gesicht zu schlagen.

Herzen einen Himmel, von welchem tausend Sterne strahlen, und den bald wieder finstere Wolken decken; die Sterne wollen mir zu Allah leuchten; die Wolken sind die Zweifel, welche mich den rechten Weg nicht finden lassen. In meinem Innern lebt eine Stimme heißer Angst, die nie zur Ruhe kommt; ich höre sie bei Tag und Nacht, im Wachen und im Traume. Sie schreit nach der Erlösung von dem fürchterlichen Gedanken, daß das Weib nur Fleisch vom Fleische, Staub vom Staube, eine wandelnde Gestalt ohne Geist und ohne Seele sei ... O Allah, sei mir gnädig, laß mich wissen, daß in dieser wandelnden Figur auch etwas lebt, was ein Recht auf deine Liebe und auf deine Gnade hat! Warum darf der Mann allein durch Ewigkeiten leben? Was hat das Weib getan, daß sie der Tod so ganz vernichten darf? Das hab ich oft, so oft gefragt und doch kein tröstend Wort darauf gehört. Antworte du, Effendi, sag die Wahrheit! Nicht ich allein frag dich; im Namen aller Frauen, deren Geist der Islam stiehlt, will ich wissen, ob wir wirklich keine, keine Seelen haben!" (26. 370/4; vergl. 25. 85/7; 28. 434.)

May beschäftigt sich nun viel mit der Frage nach dem Wesen der Seele und dem Verhältnis zwischen Seele, Geist und Körper. Es ist ein unsicheres, geheimnisvoll tuendes Tappen. Originelle, wertvolle Gedanken fehlen. Dagegen fehlen nicht hier und da gehässige, bissige, witzig sein sollende, aber nur von bedauerlicher Unkenntnis zeugende Angriffe auf die Wissenschaft, wie wir ähnliche schon im Kapitel „Gottesglaube" gesehen haben. Hier nun geht es auf die Psychologie. Er fragt „unsere sogenannte (sic!) Psychologie": „Was ist die Seele? Wo ist die Seele? Welcher Art ist ihre Verbindung mit dem Leibe? In welcher Weise wirkt sie auf unsere körperlichen und geistigen Organe ein? Wir sprechen täglich, ja stündlich von ihr; aber man zähle doch einmal alles, alles auf, was man von ihr weiß! Wer darf behaupten, daß er sie kenne? Wer hat sie begriffen? Wer hat die Tür zum Prüfungssaale geöffnet, sie in ihrer ganzen, großen, herrlichen Identität eintreten lassen und gesagt: »Das ist die Seele des Menschen! Sie steht schon seit Jahrtausenden bereit, euch jede Auskunft zu erteilen; ihr aber habt eure Erkundigungen nur an euch selbst, doch nicht an sie gerichtet. Ihr habt in euch selbst hineingesprochen und darum nicht ihre, sondern nur eure eigene Antwort gehört. Nun bringe ich sie euch. Woher? Das wißt ihr nicht? Habt ihr den Mut, sie zu fragen, wer sie ist? Dann fragt sie nicht nach ihr, sondern nur nach euch. Sie hat nur eine einzige Antwort, die sie gibt, und diese Antwort seid — — ihr selbst!« . . ." (28. 428). Von anderen Seltsamkeiten und Naivitäten dieses Fragenkomplexes abgesehen, erscheint es unklar, warum uns erst zum Vorwurf gemacht wird, wir hätten unsere Erkundigungen nur an uns selbst, doch nicht an sie gerichtet, und was nachher die Antithese zu bedeuten hat: „Fragt sie nicht nach ihr, sondern nur nach euch.

Die Antwort seid ihr selbst." Wir möchten allerdings wünschen, daß Karl May uns jenes nüchterne Ueberlegen offenbarte, das er ironisch dem empfiehlt, der, „weil er den Wald vor Bäumen nicht sieht, vor lauter topographischer Gelehrsamkeit im Dickicht stecken bleibt" (28. 435). Ebenso ist seine Vorstellung über die Begriffsbestimmung von Seele und Geist unklar. Zu erklären, daß Geist und Seele von einander verschieden seien, ist an sich nicht eben Tiefsinn, und weiter zu sagen, daß alles psychologische Grübeln und Forschen das richtige, wahre Wesen von Geist und Seele noch nicht herausgebracht hätte, ist eine billige Kritik. Was nun eigentlich Geist und Seele sind — nach Mays Ansicht — bleibt Geheimnis, geschweige denn, daß er einen Beweis über irgendwelche Definitionen oder auch nur über Ansätze zu solchen anträte. May läßt sich von dem Dschamiki, den er als Pedehr bezeichnet, sagen, daß der „Geist" ein Phantom sei, das den Menschen beherrsche. Genau genommen, kann ein Phantom nicht herrschen; dieses Wort ist wohl als „Einbildung" aufzufassen, von der der Mensch sich irrtümlicherweise leiten lasse, und etwa in dem Sinne des Nietzscheschen Aphorismus zu verstehen:

„Gedanken haben? Gut! sie haben mich zum Herrn.
Doch sich Gedanken machen, — das verlernt ich gern!
Wer sich Gedanken macht, — den haben sie,
Und dienen will ich nun und nie."

Und die Seele, die May auch das „höhere Ich" nennt (28. 285; 634)? „Auch sie hat dich; aber sie ist kein Phantom, sondern eine erhabene göttliche Wahrheit, der wir unser Anrecht auf die Seligkeit verdanken ... Es gibt keine böse Seele. Die Seele scheut alles Böse, sogar schon alles Häßliche. Das Böse und Häßliche hat nur darum so große Macht über uns, weil die Seele davon abgestoßen wird ..." (28. 323). Ich frage: wenn der „Geist" sowohl als die „Seele" „mich" haben, mich beherrschen, so sind sie mir, meinem Individual-Ich, meinem eigentlichen Wesen übergeordnet; sie sind nicht „ich", sondern etwas anderes. Diesen logischen Fehler bemerkt May offenbar nicht; denn er schreibt:

„Der Pedehr hatte angeordnet, sofort zu ihm zu schicken, sobald der Kranke (Halef) die ersten Zeichen gebe, daß er wieder bei sich sei.

»Wieder bei sich sei!« Diese Worte ließen mich an meine gestrige Unterhaltung mit dem Genannten denken. »Wieder bei sich!« Wer ist dieser «Sich?« Dieser »Er« oder diese »Sie?« Dieses Wesen, diese Persönlichkeit?".

Nach der Ansicht des Pedehr ist es die Seele. Der „Geist" ist ihm Phantom. Er kennt am Menschen nur den Körper und die Seele Die letztere ist das eigentliche Wesen. Was nun aber ist der Leib? Die Seele kann sich von ihm trennen. Unter gewissen Umständen wird aus diesem Können ein Wollen, welches sich sogar — jedenfalls beim Sterben — zum unbedingten Müssen steigert. Ist sie die Herrin und der Leib der Diener?

Oder ist dieses Verhältnis für ihn vielleicht ein noch viel niedrigeres? Gleicht er einer, allerdings aus Organen zusammengesetzten Maschine, welche im Schlafe zu ruhen hat, während sie zu dieser Zeit heimkehrt, um für den morgenden Tag neue Aufgaben und neue Kräfte zu empfangen? Bleibt sie auch während dieses seines Schlafes und während dieser seiner Abwesenheit durch geheimnisvolle Fäden oder Beziehungen so mit ihm verbunden, daß sie bei jeder Störung zu seinem Schutz zurückgerufen wird? Und, wenn es so ist, wo liegt das Heim, zu dem sie einst am Grabe völlig Rückkehr feiert? Im Leibe keinesfalls! Die chemisch-mechanische Tätigkeit gewisser Organe in ihm wird selbst durch die tiefste Ohnmacht nicht beendet; denn diese Kräfte wirken unaufhörlich weiter, bis der dazu nötige Stoff vollständig aufgezehrt worden ist. Aber das willkürliche Leben ist unterbrochen, und alle ihm zugehörigen Bewegungen sind eingestellt, bis sie, die Herrin, wiederkehrt, um den „entseelten" Körper aufs neue zu „beseelen". Daran knüpft May den boshaften Ausfall: „Was gestern vom Pedehr hierüber gesagt worden war, das hatte so einfach, so naiv geklungen. Natürlich hatte er Unrecht, der geistig arme Mann im unkultivierten Kurdenlande! Mit welch einem unendlich zusammengesetzten und ebenso imponierenden Apparate behandelt dagegen unsere gelehrte Psychologie dieses »Seele« genannte, mit hundert Armen und Beinen zappelnde Gliedertier! Natürlich hat sie Recht, diese auf allen

Akademien gepflegte und von allen seelenvollen Menschen anerkannte Wissenschaft! Und Geist? Ein Phantom? Ist es nicht grad der Geist, dem wir diese tiefeingehende, beglückende Wissenschaft über die Seele verdanken? Ist nicht er es, der uns mit dem Animismus, dem Okkultismus, der Pneumatologie und ähnlichen übersinnlichen Geschenken gesegnet hat? Und dieser Geist, der die Menschen sogar Geister sehen und mit Geistern sprechen läßt, soll ein Phantom sein? Pedehr, Pedehr, du bist ein lieber, guter Mensch, bist mein und Halefs Retter, ragst seelisch über tausende empor, doch muß ich dir es sagen: Du hast nicht eine einzige Spur von Geist!" (28. 329/30).

Wie wir hören, bekommt nicht allein die Psychologie, von der es an anderer Stelle heißt: „Eure Seelenlehre ist noch nicht einmal so weit gekommen, daß sie sagen kann, was und wo die Seele ist" (28. 308), einen grimmigen Hieb, sondern unter anderen auch der Okkultismus. Wir wollen für die arme Psychologie hoffen, daß May im Grunde seines Herzens mit ihr vielleicht doch, wenn er (oder seine Seele oder sein Geist?) sich dessen auch nicht bewußt ist, ebenso gut steht wie mit dem Okkultismus, den er Band 25. 307 auch mit ablehnender Kritik erwähnt; denn er teilt einen der wichtigsten Glaubenssätze mit jenem — die Lehre von einem Astralleib, wenn er sie auch nicht von jenem, sondern von Origines übernommen hat: „Durch das Zusammenwirken der Seele und des Leibes in diesem Leben bildet sich ein zweiter, für uns unsichtbarer Leib, welcher, für uns unbemerkbar, die Poren des irdischen durchdringt und die Verbindung zwischen ihm und der Seele herstellt; er entsteht aus den unwägbaren Stoffen des sterblichen Leibes und geht nicht mit diesem verloren, sondern begleitet die Seele in die Ewigkeit" (25. 115; vergl. auch 507 und 29. 537). Die Theorie eines „ätherischen Leibes" findet sich freilich auch sonst, z. B. bei Bonnet (s. Windelband, Geschichte der Philosophie, p. 376). Ebenso gehören in das Gebiet des Okkultismus, bezw. Spiritismus der Glaube an das Hellsehen (24. 594; auch 19. 154) und an ein Doppel-Ich, einen ätherischen Doppelgänger (Chodem 29. 537/9; 555; 575 etc.), sowie der somnambule Geisterverkehr des Münedschi (25., mehrfach). Zu der Theorie des Chodem nimmt May keine bestimmte Stellung für oder wider ein; an die Eingebungen, die der Münedschi von dem Geiste Ben Nur erhält, möchte er aber gern glauben (25. 342), obwohl er, wie zitiert, den Spiritismus ironisiert, der „die Menschen sogar Geister sehen und mit Geistern sprechen läßt".

May mag sich mit solchen übersinnlichen Dingen abfinden, wie er will; wir wollen ihnen keine weiteren Betrachtungen vom kritischen Standpunkt aus widmen; denn es ist freilich wahr, daß hier noch mancherlei Dinge geschehen, manche psychischen Gesetze walten, von denen sich unsere Schulweisheit nichts träumen läßt, über die die Psychologie noch keine Aufschlüsse zu geben vermag. Wenn May aber behauptet: „Die Psyche ist etwas ganz anderes, als man denkt, und den Geist kennt man sogar noch weniger als sie" (30. 412), so wollen wir denn doch noch vorläufig bezweifeln, daß May der Weisheit letzten Schluß gefunden hat. Tatsachen! Abgesehen davon, daß er nirgends eine klare Definition von Geist oder Seele gibt, läßt er sich von Ben Nur belehren, daß das geistige Leben des Menschen eins ist (25. 302/3), vom Pedehr hört er, der Geist sei ein Phantom, nur die Seele sei das eigentliche Wesen (s. o.); trotzdem aber nimmt er im 30. Bande unter fortgesetzter Konfusion von Seele, Geist, Anima, Intelligenz (als Individuum) die waghalsigsten Operationen mit dem und den Geistern vor. Schon 29. 465 erfuhren wir „das große Geheimnis": „Es kann ein neuer Geist von einem oder einigen geboren werden; Seelen aber stammen nicht von Menschenseelen, sondern nur allein von Gott, dem Herrn!" Nun aber hören wir Dinge, die mit dem jüdischen und heidnischen Dämonenglauben, nach dem geistig oder körperlich kranke Menschen von unsauberen Geistern besessen sind, die größte Aehnlichkeit haben. Bekanntlich vertritt auch das Neue Testament diese Ansicht (vergl. Matth. 8. 16; 10. 1; 12. 43/45; Mark. 1. 27; 3. 30; 5. 13 usw.). Man höre: „Er kannte nur die veraltete (sic!) Ansicht der Psychologen, daß jeder Mensch einen ganz besondern, nur ihm zugehörigen und also durchaus individuellen Geist besitze, den er nicht eher als nur erst mit dem Tode »aufgeben könne«. Er wußte zwar, daß es tausende und abertausende von

12*

Menschen gegeben hat, die anderen Sinnes, also anderen Geistes geworden sind, war aber überzeugt, daß diese Aenderung mit dem alten, bisherigen Geiste vorgegangen sei, nicht aber darin bestehe, daß sich ein vollständig anderer und neuer eingestellt habe" (30. 423). Diese Ansicht nun, daß Gott unter Umständen, d. h. wenn er mit der Tätigkeit eines Geistes in einem Menschenkörper nicht zufrieden sei — man denke an Christi Gleichnis von dem Hausvater, der, als er verreiste, den Knechten je nach ihrer Fähigkeit 5, 2 und 1 Talent übergab, das sie mehren sollten, Matth. 25. 14/30 — dem Körper einen anderen Geist, dem Geist einen anderen Körper gibt, wie der Hausvater den Knechten das Geld, das er nachher, nach ihrer Würdigkeit, anders verteilt, — diese Ansicht demonstriert May an dem Bilde von der Taucherinsel Ti (30. 424; vergl. 28. 318) und exemplifiziert sie dann in einer breiteren Ausführung, die eines eigenartigen Interesses nicht entbehrt, an Waller und Dilke. Es wird dabei von Phänomenen gesprochen, die an die Materialisationen des Spiritismus erinnern. Wie der Münedschi (25) bald mit seiner eigenen Stimme, bald mit einer ganz fremden, der Ben Nurs, redet, erscheint Waller in eine Triplizität gespalten; bald spricht aus seinem Munde er selbst, bald eine Frauenstimme, bald ein tiefer Baß. „So ist es, als ob er aus sich selbst und noch zwei anderen Wesen bestehe, welche sich um sein Denken und Fühlen miteinander streiten" (30. 337). Die innere Wandlung, welche mit Waller vorgeht (vergl. 377; 398/415; 442/8; 469/73; 600/3; 605/6; 632/4; 639/51) endet damit, daß sein alter Geist ihn verläßt und in seinen Neffen Dilke hineinfährt, der dann, wahnsinnig geworden, Selbstmord begeht. Welcher Geist indessen in Waller fährt, der, wie die Bibel sagt, den alten Adam ausgezogen hat, wird nicht mitgeteilt. Es heißt nur, er sei auf seinem Wege umgekehrt und wieder zum Kinde geworden. Wir sehen, auch May muß dem Zuge der Zeit nach Darstellung abnormer physiologisch-psychologischer Zustände und Phänomene trotz sonstiger Originalität seinen Tribut entrichten. Erfreulicherweise studiert er aber nicht das sinnlich Perverse, sondern ein religiös-mystisches Gebiet, das an die höchsten Fragen der Menschheit reicht. Ob wir seinen Pfaden folgen können, ist eine andere Frage. —

Der Gedanke einer psychischen Duplizität, wie hier der einer Triplizität, ist, wenn auch ganz anders gemeint, nichts Neues. Wie May Halef fragen läßt: „Hältst du es für möglich, daß ein Mensch aus zwei Personen bestehe?" (28. 109/13; vergl. 387; 425/6, 490; 25. 170/1), bezog schon Numenios (gegen Ende des 2. Jahrhunderts nach Chr.) den ethischen Dualismus des Universums (vergl. Ormuzd und Ahriman, Gott und Teufel usw.) auf den Menschen, in dem, wie er behauptete, zwei Seelen, eine gute und eine böse, miteinander streiten (Windelband, Philosophie, 190); und wer gedächte hier nicht an das Bekenntnis Fausts: „Zwei Seelen wohnen, ach, in meiner Brust . ." Es ist nicht uninteressant, daß auch Gerstäcker, in dessen Spuren May ja bekanntlich wandeln soll, für eine Zweiseelentheorie Stellung nimmt. Er läßt den Indianer Assowaum sagen: „Es gibt zwei Seelen ... fliegt Assowaums Seele nicht im Traum zurück zu den Jagdgründen seines Stammes? sieht sie nicht dort den Wigwam, vor dessen Eingang er seine frühsten Kinderspiele spielte? folgt sie nicht dort in dunkler Schlucht dem Elentier, das schnaubend und prasselnd sich Bahn bricht durch den dichtverwachsenen Wald? sieht sie nicht dort den Vater, wie er mit starker Hand dem Knaben hilft, den Bogen spannen? ja — sie ist weit, weit hinweg in fernen Landen, und dennoch lebt Assowaum — er liegt auf seinem Lager und atmet. Könnte er atmen, wenn er nur eine Seele hätte und diese im Lande seines Stammes weilte, während er selbst zwischen den Hütten der Weißen am rauschenden Wasser (Arkansas) lebt? Nein, der rote Mann hat zwei Seelen" (Regulatoren in Arkansas 2. 94/5).

Der Kampf zwischen Gut und Böse ist jedem nur zu wohl bekannt; wie aber ein neuer Geist in einen Menschenkörper hineinfahren soll — wohlgemerkt: ein Geist als individuelles Wesen! — ist schlechterdings nicht abzusehen.

Man würde in dem Verständnis dessen, was May über psychische Phänomene Seltsames, aber Interessantes, freilich nicht Neues, bringt, weiterkommen, falls er nicht, wie gesagt, von den Worten „Geist" und „Seele" einen so wahllosen Gebrauch machte. Wenn er der Psycho=

logie vorwirft, sie wisse bis heute nicht, was Geist wäre und was Seele, so ist dazu zu sagen, daß die Wissenschaft diese beiden Begriffe überhaupt nicht mehr anerkennt. Die Psychologie will garnicht die Lehre von der „Seele" sein, wenn man diese nach dem Muster vergangener Jahrhunderte als Substanzwesen begreift, sondern die Lehre von den psychischen Erscheinungen und ihren Gesetzen. Dies an die Adresse des besser zu unterrichtenden Herrn Dr. Karl May. Völlig unrichtig aber ist es, daß frühere Jahrhunderte, die mit diesen Begriffen operiert haben, sich nicht darüber klar geworden seien, was sie damit hätten sagen wollen. Schon Aristoteles unterscheidet einen doppelten Nus im Menschen, einen endlichen, vergänglichen und einen ewigen, vom Körper trennbaren (s. Schwegler, Geschichte der Philosophie, p. 155); Marc Aurel will von dem belebenden seelischen Pneuma die eigentliche, unkörperliche Seele getrennt wissen (Windelband, p. 188); Philon nimmt an, daß eine Seele, die als Lebenskraft des leiblichen Organismus im Blute ihren Sitz habe, und das Pneuma, welches als Ausfluß der rein geistigen Gottheit das wahre Wesen des Menschen ausmache, im Leibe wohne (Windelband 189); Plutarch trennt den Nus, den vernünftigen Geist, von der Psyche (Windelband 190), und schließlich unterscheidet auch Origenes, den May doch zu kennen erklärt (25. 115), die Seele, die er teils als Bewegungskraft, teils als Vermögen des Vorstellens und Begehrens behandelt, und den Geist als das Prinzip der Beurteilung einerseits des Guten und Bösen, andererseits des Wahren und Falschen (Windelband 190). Man schlage das Konversationslexikon von Brockhaus, Stichwort Psychologie, nach und wird finden, daß noch Hegel die Seele als Uebergangsglied zwischen Materie und Geist betrachtete.

Um diese Dinge nicht allzu sehr auszuspinnen, übergehe ich einige Ideenverzweigungen, wie den Glauben an eine Seelenweltordnung, der eine nach festen Gesetzen sich vollziehende Wechselwirkung zwischen den einzelnen Seelen behauptet (25. 453/8); Anklänge an die Lehre von der Seelenwanderung der Aegypter und Inder (besonders 28. 444; 634; auch 30. 422: „Wesen, welche einst vereinigt waren und sich wieder zu vereinigen haben“); die Annahme spiritueller Eingebungen („Derartige Gedanken sind niemals Sondergeburten irgend eines menschlichen Gehirnes, sondern sie stammen aus einem verborgenen Zusammenhange, in welchem ihre Resultate vorherberechnet werden und dann einzufügen sind“, 29. 536; klingt fast nach der Philosophie des Unbewußten E. v. Hartmanns — May nennt dies mysteriöse Etwas wiederum „Seele“, 28. 459/61) und endlich eine Aeußerung über eine Ernährung durch seelische Fluida (30. 217), die Theorie der Evolution ewiger Ideen (30. 440) u. a. m.

Wir lassen nun May bei seinen mystischen Aberrationen, an denen er so großes Gefallen findet (vergl. 25. 121), und betrachten die Behandlung, die er jenem

Ewigkeitsproblem widmet, der Frage nach der Unsterblichkeit, die nicht allein für jeden Christen, sondern auch für jeden, dem grassen Realismus abgekehrten Menschen wichtig ist.

Ueber die Fieberphantasien des kranken Waller, der mit seiner verstorbenen Frau redet (30. 402; 404; 473), wollen wir hinweggehen. May erklärt sie nicht für bloße Halluzinationen, wie man sie in fieberhaften oder deliranten Zuständen beobachtet, sondern hält einen tatsächlichen Konnex mit der Abgeschiedenen für möglich. Der Glaube an die Nichtigkeit des Todes — im Sinne einer absoluten Vernichtung — (28. 422) und an ein Leben im Jenseits (vergl. die Erzählung von dem Scheintod seiner Großmutter 25. 83/7), wo der Mensch für seine Taten gerechte Vergeltung findet (25. 551/2), die ihn nach anderer Version schon auf Erden trifft (25. 497), bildet den Grundgedanken seines Buches „Am Jenseits". Den Höhepunkt erreicht die hier ausgeführte Tendenz des Unsterblichkeitsglaubens in der Ben Nur-Szene (25. 301/337), die, wenn wir von dem mystischen Drum und Dran absehen, ein gewaltiges, wirkungsvolles Bild darstellt, auf das wir noch näher eingehen wollen.

Nach einer Betrachtung über die Allgegenwart und All-Einheit Gottes, betont Ben Nur, der Sohn des Lichtes, den Zweck des irdischen Lebens im Sinn des Christentums: „Der Mensch ward ein Pilger auf Erden, um ein Bürger des Himmels zu werden", eine Ansicht, die May schon früher mit den Worten geäußert hatte: „Das ganze Leben des Menschen soll ein Gebet zum Himmel sein“ (19. 468). Und wenn er den Wert der Arbeit für das Diesseits anerkennt, so soll sie doch nur Mittel zum Zweck sein, und den Hauptton der Lebensmelodie soll der Glaube darstellen, den man viel zu schwach bisher hat erklingen lassen. Nur der Glaube kann in die ewige Seligkeit führen, an deren Grenze über Gute und Böse Gericht gehalten wird. Ben Nur zeigt uns nun es Setschme, den Ort der Sichtung, eine Mauer, an deren anderer Seite das Erdenleben endet. Es sei bemerkt, daß das Bild dieser Mauer aus dem Koran entnommen ist, wie denn die ganze Vorstellung von der Szene des göttlichen Gerichtes der Religion des wirkenden Mediums, des Münedschi, entsprechend, muhammedanisch ist. Von einer Zwischenmauer, die nicht wie hier, Diesseits und Jenseits, sondern Paradies und Hölle trennt, handelt die erste Koransure. — Wir sehen ein weites, wüstes Land vor uns, von einem Abgrunde umgeben, über den die Brücke des Todes führt. Diese Brücke müssen alle Seelen überschreiten, nachdem sie mit ihren Werken auf el Mizan, der Wage der Gerechtigkeit, gewogen sind. Die Gerichtswage wird in der schon genannten Sure erwähnt: „An jenem — dem jüngsten — Tage wird die Wage nur in Gerechtigkeit wiegen. Diejenigen, deren gute Handlungen die Wagschale beschweren, werden glückselig sein. Die aber, deren Wagschale zu leicht befunden wird, haben das

Verderben ihrer Seele selbst verschuldet, weil sie gegen unsere Zeichen ungerecht waren" (übersetzt von Ullmann); ähnlich Sure 23. Ueber dies Glaubensmoment der Gesetzesreligionen macht Bousset in seinen Vorträgen über „Das Wesen der Religion", p. 129, die Mitteilung: „Als Endzweck des gesamten Lebens und Handelns des Menschen erscheint nun ihr Bestehen im ewigen Gericht vor Gottes großen Augen. Man ist auf der Erde die kurze Spanne Zeit, um für die Ewigkeit reif zu werden" — ganz Mays Standpunkt, s. o. Und weiter: „Eine erschreckende Aeußerlichkeit zeigt sich überall in der Auffassung des Gerichtes. Es handelt sich in ihm meistens um ein ganz mechanisches Abwägen guter und böser Werke. Ungemein verbreitet und beliebt ist die Vorstellung von der Gerichtswage, in deren Schalen die guten und die bösen Werke gegeneinander abgewogen werden" (vergl. im Alten Testament Hiob 31. 6 und Daniel 5. 27). Dieser Vorwurf der Aeußerlichkeit trifft unsern Schriftsteller indessen nicht. Er erfüllt die muhammedanische Vorstellungsform mit wahrhaft christlichem Gehalt in ethischer Reinheit. — Die Scharen der Abgeschiedenen ziehen dahin. Jeder Gruppe wird eine Standarte vorangetragen. Ich erinnere an die Divina Commedia, die vielleicht auch als Vorlage gedient hat (man vergleiche Ben Nur und Münedschi mit Virgil und Dante) — Inferno 3. 52/7 heißt es:

„Ed io, che riguardai, vidi una insegna,
Che, girando, correva tanto ratta,

Che d'ogni posa me pareva indegna:
E dietro le venia si lunga tratta
Di gente, ch'io non avrei mai creduto,
Che morte tanta n'avesse disfatta."

(„Und als ich hinblickte, sah ich eine Standarte, die so geschwinde im Kreislauf eilte, daß sie mir jeden Stillstand zu verachten schien. Und hinter ihr kam ein so langer Zug von Leuten, daß ich nie geglaubt hätte, daß der Tod so viele vernichtet hätte.")

Auf der Standarte steht ein als Merkmal dienendes Wort, welches diejenige Tugend angibt, durch die die ihr folgenden Seelen sich auf Erden den Himmel verdient zu haben glauben. Da. kommen die Frommen, die doch nur Namenchristen waren; die sogenannten Guten, deren Güte nicht im Herzen wohnte, sondern auf ihren Lippen und in ihrem Lächeln log; die Selbstsüchtigen, die auf ihre Rechte pochten, sich stets im Rechte fühlten, doch nie die Liebe kannten, ihre Pflicht — sie verlangen nun auch die Seligkeit als ihr Recht. Ihnen folgen die Liebevollen, die aber über einem fetischistischen Idol die Menschheit vergaßen; die Erhabenen des Geistes und der irdischen Macht, die das ihnen verliehene Pfund mißbrauchten; die Vorsichtigen, die das Mäntelchen nach dem Winde hingen; die Fleckenlosen, die beileibe nichts gegen das irdische Gesetz verbrachen, aber das Recht, das „mit uns geboren ist", mit Füßen traten. Sie alle werden gewogen und zu leicht befunden und von der Brücke des Todes in den

Abgrund des Verderbens stürzen, weil sie in irdischer Ueberhebung mit den Forderungen eingebildeter Rechte kamen. Doch nun nahen die anderen, die im Gefühle ihrer Sündhaftigkeit, in der Erkenntnis, daß sie des Ruhms ermangeln, den sie vor Gott haben sollen, nur zagend an die Wage treten; aber sie werden wegen ihrer Demut durch Gottes Gnade in das Himmelreich eingehen. Ihnen voran wandeln zwei Frauen, eine Fürstin und eine Arbeiterin, Heldinnen des Duldens und der selbstüberwindenden, alles opfernden Liebe. Es folgen zahllose Gestalten, denen die Liebe der Leitstern des Lebens war, sie, die ihnen jetzt durch die Todesstunde die Führerin zum Urquell, zu Gott ist. — Es ist eine gewaltige, tief eindringliche Predigt. Möge sie viele finden, die sie nicht allein lesen, sondern die sie auch in ihrem Herzen bewahren und bewegen!

Noch wuchtiger ist die Schilderung Khutab Agas von den Seelenqualen, die er an der Schwelle zwischen Tod und Leben durchgemacht hat (25. 504/16). Ich halte sie für eine der wirkungsvollsten Szenen bei May, ist sie doch von tiefster, religiöser Glut durchströmt, und ich glaube von Mays Denken und Empfinden kein besseres Bild geben zu können, als wenn ich diese Szene — mit einigen Kürzungen dem Leser darbiete, sie meinen Ausführungen zum Schlußstein setzend.

Die äußeren Umstände sind, wie ich bemerken muß, diese, daß Khutab Aga von einer Pistolenkugel getroffen wird, die ihn jedoch nicht verletzt, sondern durch ein

Buch, welches er in der Brusttasche trägt, und mehr noch durch ein darinliegendes metallenes Lesezeichen aufgehalten wird. Er wird durch den Druck, den die aufprallende Kugel auf sein Herz ausübt, nur betäubt und erzählt, aus seiner Ohnmacht erwacht, das Folgende:

„Während der Mensch auf Erden nur langsam zur Einsicht kommt, gelangte ich, da ich nun Seele war, nicht nach und nach, sondern sofort zu der Erkenntnis, zu der Ueberzeugung, daß Gedanke und Tat, Wunsch und Wirklichkeit in jenem Leben nur eins, nicht zweierlei ist. Kaum dachte ich an es Setschme, den Ort der Sichtung hinter jener Mauer, so war ich auch schon da. Und als mir el Mizan, die Wage der Gerechtigkeit, einfiel, stand ich auch schon vor derselben. Was Ben Nur dem Münedschi zeigte, muß ein Gesicht, eine Uebertragung gewesen sein; denn in Wirklichkeit vollzieht sich alles viel, viel schneller, ja mit Gedankenschnelligkeit! Nur die Zeit vor der Wage dünkte mir eine Ewigkeit, eine ganze, ganze Ewigkeit zu sein. Mich schauert noch in diesem Augenblick vor ihr! . . . .

„Außer ihr gab es nichts, als sie selbst und ihr vergangenes Leben (sie = die Seele). Und dieses Leben war doch auch wieder nur sie selbst. Es lag nicht außerhalb von ihr, nicht in der Vergangenheit, sondern sie war das Produkt und zugleich der Inbegriff alles dessen, was sie getan, gedacht und empfunden hatte, so wie zum Beispiel das Meer das Ergebnis und zugleich die Summe all der unzähligen Tropfen ist, welche hineingeflossen sind. Ebenso war meine Seele. Die Quellen, Rinnsale, Bäche, Flüßchen, Flüsse und Ströme, das waren die Stunden, Tage, Wochen und Jahre meines Lebens. Das Wasser in ihnen, das waren die der Prüfung entgegenfließenden, zahllosen Tropfen meiner Regungen, Entschlüsse und Ausführungen, und das große Meer selbst war meine Seele, in welcher jeder einzelne Tropfen lebte und sich geltend machte. Es fehlte nichts, kein einziger von ihnen allen. So war ich selbst dieses Meer, diese Seele; ich selbst bestand aus allen diesen Tropfen, für welche es kein Maß und keine Ziffer gibt, und doch erkannte ich sie alle, alle, alle! ...

„Es gab keine sichtbare Wage; denn auch diese Wage war ich selbst. Der Gewogene, die Wage und der Wägende, das war in mir vereint. Ich stand vor Gericht und war zugleich der Ankläger und der Richter. Es wurde jeder, aber auch jeder meiner Gedanken in mir laut. Ueber einige wenige durfte ich mich freuen; die unendliche Zahl der andern aber machte mich erzittern! Es zeigte sich, daß jeder Ton, der über meine Zunge gegangen war, von ewiger Dauer sei. Der irdische Klang ist nur die Wirkung der Luftbewegung; ist sie vorüber, so ist er nicht mehr vorhanden. Aber der seelische Teil des Menschen, der in diesen Ton gekleidet wurde, um zu wirken, der ist unvergänglich und bleibt ihm angehörig für die Ewigkeit. Was alles hatte ich da gesprochen! Die entsetzliche Erkenntnis, daß auch nicht eine einzige Silbe vernichtet sei, hätte mich zum glühenden Wunsche der Selbstvernichtung bringen können, wenn es überhaupt Vernichtung gäbe! Gegen die brausende Sündflut all dieser wieder erklingenden Worte gibt es keine andere Hilfe als den sie übertönenden Schrei nach Gnade, Gnade, Gnade! Und so wachten auch all meine Taten auf. Es war keine von ihnen verschwunden; denn auch sie waren Teile meines Lebens, also Teile meiner selbst . . .

„Mein Dasein hatte nur mir gegolten; ich war liebeleer gewesen und hatte also nicht gelebt. Und was ich als Leben bezeichnet hatte, das war eine Aufeinanderfolge von Gedanken, Worten und Taten gewesen, die mich jetzt hinab in den Abgrund des Verderbens ziehen mußten. Ich brach zusammen und stöhnte in meiner Angst und Not: »O, hätte ich Liebe gehabt, mehr Liebe, mehr Liebe! Könnte ich noch einmal zurück, wie wollte ich lieben und leben, wie wollte ich leben und lieben!« Und kaum hatte ich das gesagt, so wurde es licht um mich her; eine helle Gestalt stand neben mir; sie faßte mich an der Hand und gab mir den himmlischen Trost: »Dein Gebet sei erhört; denn der letzte Tag deines Erdenlebens ist Liebe gewesen, Liebe selbst für den Feind! Lebe sie weiter, diese Liebe, damit, wenn du hier wieder erscheinst, die Wage dann anders spreche, als sie jetzt gesprochen hat!« Beseligt von dieser Barmherzigkeit fragte ich ihn: »Bist du vielleicht Ben Nur, der am letzten Tage meines Lebens bei uns war?« Er lächelte gütig und sprach: »Hier gibt es nur Liebe, die namenlos ist, und darum für ihre Boten auch keine Namen ... Nenne mich immerhin auch Ben Nur; denn ich bringe dir das Licht, um welches du hier flehtest!« Während er so sprach, wurden wir von einer mir unbekannten Kraft empor- und über die Mauer der Trennung hinübergetragen. Ich befand mich also an seiner Hand wieder diesseits der Sterbestunde ...

„Ich kehrte noch nicht in meinen Körper zurück, sondern ich wurde mit ihm durch eine Unermeßlichkeit getragen, in welcher es keine Schranken gab. Ich sah die Welten, die Sonnen und die Sterne; aber ich sah sie anders, als ich sie von der Erde aus gesehen hatte; denn mein Auge war ja dasjenige meiner Seele, nicht das irdische, welchem die Herrlichkeit, durch die wir schwebten, verborgen ist. Wir befanden uns in einem Ozeane des Lichtes, welches so rein und so klar war, daß mein Blick die fernste aller Fernen schauen konnte. Ich sah, daß alle diese Welten bewohnt waren, so wie die Erde das Geschlecht der Menschen trägt ... Dort gab es eine wunderbare, ununterbrochene Helligkeit, die auch mich selbst durchdrang und mir ein Gefühl des Glückes, der Seligkeit verlieh, welches ich nicht beschreiben kann. Dann sprach die Engelsgestalt an meiner Seite: »Ich halte dich an meiner Hand, und darum dringt die Wonne, welche dich umflutet, zu mir herüber. Was dich jetzt durchdringt, was dich umleuchtet, hält und trägt, es ist nicht Wärme, nicht Aether und nicht Luft;

denn diese Bezeichnungen gehören nur der Erde an; es ist die Liebe! Ihr kennt einstweilen fast nicht mehr als nur das Wort, noch aber nicht sie selbst in ihrer ganzen Fülle und Unendlichkeit. Ihr sprecht von Liebe und sprecht auch vom Leben; doch beides ist dasselbe; nur eure Worte sind verschieden. Und weil sie das Leben ist, wird jede Lebensform und jede neu entstehende Welt aus ihr geboren. Hat diese Welt ihren Zweck erfüllt, die ihr anvertrauten Wesen zur Liebe zu erziehen, so übergibt sie sie der Seligkeit und löst sich auf, um für dieselbe Aufgabe dann wieder zu erstehen. Dies ist der Zweck auch eurer Erdenwelt. Das Dasein auf ihr soll zum Leben, soll zur Liebe werden. Und dieses Ziel wird unbedingt erreicht; denn was ist euer Sträuben gegen die Allmacht dessen, der es will! Ob ihr es leugnet oder eingesteht, es ist doch wahr, daß ihr in Liebe atmet und in Liebe lebt ... Dieser Mangel an Erkenntnis umhüllt die Erde mit dem Dunkel, welches das auf ihr ruhende Auge der Seligen betrübt, obgleich wir wissen, daß es sich in Licht verwandeln wird und muß. Sobald wir diesem Dunkel nahen, scheide ich von dir; doch höre vorher meine Bitte: Laß es wenigstens in dir und auch um dich hell werden! Streu Liebe aus! Je mehr die Zahl der Menschen wächst, die dieses tun, desto mächtiger wirkt das Licht auch auf die andern, und desto eher erreicht das Geschlecht der Sterblichen das Ziel — — die Seligkeit!« — — —

Nachdem er das gesprochen hatte, war es, als vermindere

sich die Helle um mich her. Wir kamen durch ein immer mehr sich dämpfendes Licht; die unermeßliche Ferne, in welche ich vorher zu schauen vermochte, trat mir immer näher und näher ... »Das ist die Erdennähe«, lächelte er wehmütig ... »laß alle die wiedergeschenkten Tage so sein, wie dein letzter war, dem du die Rückkehr zu verdanken hast, weil er der Liebe zu dem Feind gewidmet war! Du wirst erfahren, daß es die Liebe war, die dich beschützte; sei ihr dankbar dadurch, daß du in ihr die einzige Regentin deines weiteren Lebens anerkennst!« — — —

Schlußwort.

Nur noch einige Bemerkungen. Ich maße mir nicht an, in vorliegender Schrift immer den richtigen Weg in der Beurteilung Mays gegangen zu sein; eine Kritik ist notwendigerweise stets mehr oder weniger subjektiv. Wenn sie ein kleines dazu beigetragen hat, die Orientierung über den Gesichtswinkel für eine vorurteilslose Würdigung unseres Reiseschriftstellers und seiner Tendenzen zu fördern, halte ich meine Aufgabe für gelöst. Ich habe viel gelobt, mehr vielleicht getadelt, und viel getadelt, damit man später vielleicht mehr loben könne. Wenn May selbst einigen Nutzen aus meinen Studien über ihn ziehen möchte, würde es mich herzlich freuen. Den Verleger beglückwünsche ich zu dem Fortschritt in der äußeren Ausstattung. Der von Sascha Schneider entworfene Umschlag zu Band 30 gibt dem Werk auch äußerlich ein ganz anderes Gepräge, als die früheren Einbände, die mit denen der blutdürstigsten Indianerbücher mutig die Konkurrenz aushalten konnten und zweifellos zu der Sage von den „Jugendschriften" auch das ihrige beigetragen haben mögen.

Der Mayfreund wird sich durch meine Ausstellungen an seinem Lieblingsschriftsteller nicht von wiederholter und weiterer Lektüre abschrecken lassen. Der Mayfeind — sollte es wirklich einen solchen, abgesehen von ev. literarischen oder sonstigen Gegnern, geben? An May als Schriftsteller mag ein anderer vielleicht noch mehr auszusetzen finden als ich, mit seinem Gottesglauben mag man nicht harmonieren; wer aber May als Ethiker und gar als Menschen feindlich ist, bekennt sich damit nicht eben als einen Ben Nur, als einen Sohn des Lichtes. Viele, die in der Jugend begeisterte Verehrer Karl Mays waren, wenden sich später mit Nichtachtung oder Verachtung von ihm ab und benutzen die geringe Erinnerung, die sie noch von ihm haben, dazu, um über ihn herzuziehen, wie etwa ein Primaner, der sich der Tage schämt, in denen er mit der Puppe seiner Schwester spielte. Manche auch fällen ein oberflächliches Urteil über May als Jesuiten, als Schwätzer, als Lügner, als dünkelhaften Verfasser alberner Ichromane — ohne ihn zu kennen, jedenfalls ohne ihn so zu kennen, wie er es verdient, ohne seine Zwecke und Ziele, seine Anschauungen und Ideen erfaßt zu haben.

Doch genug davon. Karl May ist ein Mann aus dem Volke — nicht aus dem Großstadtpöbel von heute, sondern aus altem, kernigen Geschlecht, aus dem Geschlecht, das da unangekränkelt ist von den Danaergeschenken unserer Kultur. Trotz seiner hohen praktischen Intelligenz, seiner scharfen Logik in der realen Beobachtung, seines reichen Wissens, bricht die Gemütstiefe, die Treuherzigkeit, die Naivität an allen Ecken und Enden bei ihm hervor. So kann er nur geliebt werden von der Jugend und dem Volke und denen, die reinen Herzens mit Jugend und Volk empfinden. Und noch eins: in unserer von jüdischem Erwerbshunger, slavischer Roheit, französischer Sinnlichkeit, von Byzantinismus oben, und frechem Streben nach Macht unten durchsetzten Zeit ist er eine herzerfreuende Erscheinung, eine stolze, sich selbst erkennende, machtvolle, ehrliche, freimütige, seelenreine Persönlichkeit, ein Germane von echtem Schrot und Korn und zugleich ein Lehrer der Liebe, die den tiefsten Grund des Seins bildet und den heiligen Kern des Christentums, zu dem wir uns äußerlich bekennen, und dessen Namen wir doch erst dann verdienen, wenn die Zeit an die Tore des streitenden Lebens pocht, von der May sagt:

„Ein süßer Duft bereitet deinen Schritt; schon höre ringsum ich die Glocken schlagen. In meinem Herzen tönt die Stunde mit, und deine Zeit beginnt in mir zu tagen. Vielleicht trittst du jetzt nur in meine Welt, und ich bin es allein, der dich empfindet, doch ist die Uhr für andre auch gestellt, sobald dein Licht die Dämmrung überwindet. — — — So wie ich wartete auf dieses Licht, so wartet auch das ganze Volk der Erde. Ich ahne dich, du nahst mir im Gedicht. O, daß dies Bildnis doch verstanden werde! Nun bist du da; du schaust mich lächelnd an, als seist du mir schon irgendwo begegnet, und ich, ich sinne zwar vergeblich, wann; doch hast du mich im Himmel einst gesegnet ... O segne mich nun hier zum zweitenmal und mit mir alle, die auf Erden wandeln, damit wir, wie der Vater uns befahl, als seine Kinder aneinander handeln. Du bringst die Liebe, die von oben quillt, für alle Kreatur zu uns hernieder. Es strahlt die Seele mir aus deinem Bild; die Güte ist's; o nimm sie mir nicht wieder!"

(Waller an die Erscheinung seiner Frau, 30. 447/8.)

Inhaltsverzeichnis.

	Seite
Einleitung	1
Das Milieu	6
Komposition, Spannung, Stil	12
Poetische Elemente	29
Humor	47
Charaktere	66
Typische und symbolische Elemente	75
Zweck und Bedeutung des Ichromans	97
Wahrheitsgehalt der „Reiseerlebnisse"	111
Gottesglaube	126
Christentum	140
Der Mensch und das Jenseits	166
Schlußwort	196

Buchdruckerei Bernhard Hahn G. m. b. H, Köln a. Rh.

NACHWORT

Dr. phil. A. Droop

(Fakten, Daten und Notizen aus dem Leben eines Idealisten)

Adolf Droop gehört zu den interessantesten Persönlichkeiten um den alternden, von Rufmord bedrohten Karl May, dem er – zusammen mit Marie-Luise Fritsch – Hoffnung und manchen Beistand gab. Aber auch Droops Leben wurde zweifellos durch May wesentlich beeinflußt, auch noch nach dessen Tode.

Die Studie *Karl May – Eine Analyse seiner Reiseerzählungen* schrieb der Sechsundzwanzigjährige zwischen Herbst und Frühlingsende 1908/09 in der Schweiz. Darin versucht er, indem er sich streng an den methodischen Grundsätzen seiner Lehrer, des Professors Baumann und des Philologieprofessors v. Wilamowitz-Moellendorff, orientiert und den Erfahrungen aus seiner eigenen Dissertation über Percy Bysshe Shelley folgt, Karl May aus sich selbst heraus zu erklären.

Die vielen von Karl May bewußt aufrechterhaltenen Unklarheiten über Konfession, Doktortitel und frühe Reisen – jene Aura, mit der sich der Schriftsteller zu lange umgab –, mußten bei strikter Anwendung dieser Methode zu Trugschlüssen führen. Dennoch ist das Ergebnis in vielem zutreffend, kritisch und somit auch heute noch aufschlußreich.

Es war aber auch einiges Mißtrauen entstanden, wonach Droops Buch (es gab bekanntlich Parallelfälle) von May beeinflußt und lanciert worden sein könnte. Die Ermittlungen, die im Zusammenhang der hier vorliegenden Reprintausgabe durchgeführt worden sind, ergaben einwandfrei, daß Droop aus eigenem Antrieb sein Veto gegen die Einbeziehung Mays in den „Kulturkampf gegen Schund und Kitsch auf allen Gebieten“ geschrieben hat. Damit rückt dieses Buch nach über achtzig Jahren zu den interessantesten Sekundärschriften über Karl May auf.

Ein persönlicher Kontakt Droop – May hatte sich erst angebahnt, als Droop ein noch frisches Belegexemplar seiner „Analyse“ am 20. September 1909 von Berlin-Halensee aus an den Analysierten in Radebeul aufgab. Allerdings konnte der hagere Lehrer, der an jenem Montagmorgen selbstzufrieden das Postamt verließ, nicht ahnen, daß er soeben eine weit in seine Zukunft reichende Entscheidung getroffen hatte ...

Eduard Julius Adolf Droop wurde am 6. September 1882 in Hannover geboren. Dort besuchte er das Gymnasium „Lyzeum II“, das er 1901 mit dem Reifezeugnis verließ. Er studierte Neuere Sprachen und Geographie an den Universitäten Göttingen, Berlin, Lausanne, Oxford und Jena. Als Teilnehmer eines mehrmonatigen „Summer Meeting“ an der Universität Oxford begeisterte sich Droop für die angelsächsische Literatur und versuchte sich fortan selbst als Lyriker in englischer Sprache.

Den elf gelungensten seiner „Poems“ gab Droop den Titel *Love Songs*, ließ sie auf zwölf kartonstarken Seiten drucken und in englischrotes Leinen binden. Dergestalt steht dieser „frühe Droop“ noch heute in der Bibliothek von Karl May. Auch sein zweites Buch ist dort zu finden: *Frieden – Liederblüten im Märchenkranz* (E. Pierson's Verlag, Dresden 1905), ein grüner Leinenband mit Goldschnitt. In zwanzig Kapiteln auf 140 Seiten enthält es märchenhafte Schilderungen, klare Wortbilder, durchwoben von Versen. Wie dieser Band in Mays Hände geraten ist, erklärt die Widmung:

s/l

Herrn Dr. Karl May
in aufrichtiger Verehrung
überreicht

v. V.

Halensee/Berlin, den 12. 11. 09.

Noch im Jahr 1905 begann Droop, seine Dissertation „Die Belesenheit Percy Bysshe Shelley's – nach den direkten Zeugnissen und den bisherigen Forschungen“ zu schreiben. Während sich die immense Fleißarbeit weitgehend stocktrocken gibt, äußert sich der Autor im Schlußwort sehr engagiert und plädiert anscheinend auf Freispruch für alle schöpferischen Geister, denen man die Weiterverarbeitung von Angelesenem als Plagiat vorwirft. Insofern darf diese Untersuchung als Vorstudie zu seiner „May-Analyse“ gelten.
Am 3. März 1906 bestand Droop die Promotionsprüfung an der Universität Jena. Anschließend übersiedelte er für mehr als drei Jahre in die Schweiz. Er übernahm die Leitung des Schulsanatoriums Glion bei Montreux. Der Aufgabenbereich, dem er vom 13. 3. 1906 bis zum 14. 5. 1909 vorstand, ließ ihm bald genügend Zeit, das Buch *Karl May – Eine Analyse seiner Reiseerzählungen* zu beginnen.
Es ist möglich, daß die Kahl-Broschüre von 1908 und andere Pamphlete gegen sein Jugendidol Karl May, über das er sich zwar kritisch äußerte (S. 30 und 196), dessen er sich aber nie schämte (S. 197), Anlaß für diese Studie wurden, möglich aber auch, daß er das Thema als en vogue ansah, also auch für sich erfolgversprechend, da die gegen May lancierten Schriften in Riesenauflagen erschienen. Ohne dadurch Droops ehrliche Absicht schmälern zu wollen, ist ein Zusammenspiel beider Motive nicht auszuschließen.
Am 15. Mai 1909 kehrte Droop nach Berlin zurück und bemühte sich um einen Verleger für sein Buch, den er in Hermann J. Frenken in Köln-Weiden fand. Zudem war er ab August 1909 als „wissenschaftlicher Lehrer“ an der Berliner Handelsschule, Dresdener Straße 90, offiziell bis Ende 1917 tätig. Mitte September erschien seine „Analyse“ in einer Auflage von 1500 Exemplaren (Mitteilung von Droop an Klara May vom 21. 11. 1909). Für die Gegner Mays und für die besserwissenden Kritiker war es ein leichtes, den

Wert des Werkes aufgrund der schon erwähnten Irrtümer herabzuwürdigen. So schrieb die *Kölner Volkszeitung* Nr. 843 am 5. Oktober 1909:

„Dr. A. Droop hat es für nötig gehalten, über Komposition, Stil, Gedankeninhalt usw. eines Vielgelesenen und Vielumstrittenen eine besondere Schrift zu schreiben: KARL MAY. Eine Analyse seiner Reiseerzählungen (Köln-Weiden. Hermann J. Frenken. 199 S.). Er ist kein unbedingter Bewunderer des großen Kara Ben Nemsi; er stößt sich an Stilschwächen, falschen Ausdrücken, Widersprüchen usw., ärgert sich über Mays Polemik, deren tollste Ausgeburten er allerdings ignoriert, fällt auch nicht vor dem neuesten ‚symbolischen' Stadium Mays nieder; aber sein Fehler ist, daß er trotz allem, was über den Mann und seine Schriften bekannt wurde, ihn immer noch mit tiefem Ernst behandelt und ihm so ziemlich alles glaubt. In naiver Betrachtungsweise kommt er beispielsweise zu dem Schluß (S. 124): ‚das in den Reiseerzählungen Berichtete geht im wesentlichen auf tatsächliche Erlebnisse Mays zurück; doch ist der reale Stoff der erzieherischen Tendenz entsprechend modifiziert und nach künstlerischen Prinzipien geordnet.' Möglich (allerdings auch dann noch kaum begreiflich) war das nur, wenn er seine ‚Analyse' ausdrücklich (S. 4) auf die 30 Bände der Fehsenfeldschen Sammlung beschränkte und alle ‚sonstigen Schriften' unberücksichtigt ließ. Später (S. 81) kommt er gelegentlich in einer Anmerkung auf die ‚pornographischen Schundromane' zu sprechen, philosophiert etwas über die Behauptung, der brave May sei von einem nichtsnutzigen Verleger verfälscht worden, und schließt fabelhafterweise: ‚Ich sage nicht, daß May diese Bücher nicht geschrieben hat, ich sage, daß er sie beim besten Sinnen nicht hätte schreiben können.' Wie der verruchte Verleger in einem halben Jahrzehnt 5 ‚Schundromane' mit weit über einer halben Million Druckzeilen unter Mays Firma, einen sogar mit seinem vollen Namen drucken konnte, und daß May sich das gefallen ließ, dafür ist eine Erklärung nicht einmal versucht. Droop schiebt die ‚gehässigen Presseangriffe' vornehm beiseite; ich fürchte, er hat sie größtenteils gar nicht gelesen, sonst könnte es ihm doch kaum passieren, daß er seinen Helden hartnäckig (in dem kuriosen Vorwort und S. 151 ff.) als Katholiken verschleißt. Weiß er denn noch immer nicht, daß May Protestant ist, obwohl er in den 80er Jahren in einer katholischen Familienzeitschrift katholisierte? Eine liebenswürdige Schwäche, die man freilich in dem symbolischen Gefasel seiner letzten Romane nicht mehr findet! Hr. Droop hebt hervor, daß May, ‚obwohl Katholik, von der katholischen Presse aufs heftigste angegriffen worden ist' (Vorwort), und spricht (S. 3) von ‚dauernden Anfeindungen, besonders von seiten katholischer Blätter'. Hätte er sich ein wenig um die May-Kontroverse gekümmert, so müßte er wissen, daß die allerschlimmsten Dinge über ihn in protestantischen fachlichen Blättern gestanden haben. Droop, selbst nicht Katholik, hat mit einem katholischen Verlag moderner Richtung, der es sich zur Aufgabe gemacht hat, ‚das katholische Geistesleben der Gegenwart zu würdigen', wieder einmal das alte Märchen vom Katholiken May aufgewärmt. Andernfalls hätte man seine ‚Analyse' vielleicht auf sich beruhen lassen können; jetzt war der Widerspruch nicht zu vermeiden. Die deutschen Katholiken müssen es sich verbitten, daß man ihnen diesen Herrn immer wieder an die Rockschöße hängt."

Droop war über diese Rezension bitter enttäuscht. Der Kritisierte selbst, Karl May, hatte zwar nach der Lektüre des Belegexemplares vorhergesehen, was auf ihn zukommen würde, war aber nicht mehr in der Lage, die Folgen abzuwenden.

Als Karl May am 21. Oktober 1909 in Berlin die zwei Treppen zu Droops Wohnung in der Küstriner Straße 22 hinaufgestiefelt ist, um seinen wohlmeinenden Kritiker ken-

nenzulernen und zu trösten, traf er ihn nicht an. Am nächsten Tag bedauerte Droop in einem Schreiben nach Radebeul die nicht zustande gekommene Begegnung. Er wurde daraufhin von Frau May am 25. 10. 1909 offiziell eingeladen, konnte allerdings dieser Aufforderung erst am 13. 7. 1910 folgen (siehe Droops Beitrag *Die Villa Shatterhand*, Karl-May-Jahrbuch 1921). Dennoch dürfte ein persönliches Treffen schon am 12. November 1909 in Berlin stattgefunden haben. Dafür sprechen die Widmung in Droops Buch „Frieden", sein Briefschluß vom 21. 11. 1909 („Stets in herzlicher Verehrung für ‚Kara' und ‚Scha(h)-Kara'"), deren Zusendung des „Sitara-Vortrags" an Droop und die Tatsache, daß dieser die Weihnachtswoche dazu nutzt, *Ardistan und Dschinnistan* zu lesen. Dies wäre auch eine plausible Erklärung für die von Frau Klara May bald darauf vorsichtig eingefädelte „Fügung", die am Freitag, den 29. April 1910, zwei Menschen zusammenführte, die sich einfach gern haben mußten:
Plötzlich stand da ein temperamentvolles, graziles, gescheites, bildhübsches Geschöpf vor Droop und hätte kaum seinen Namen zu nennen brauchen: Das konnte nur Lu Fritsch* sein, Merhameh! – die schon als Dreizehnjährige dem „Ustad" ihr erstes Gedicht *Phantasie am Grabe Winnetous* gewidmet und 1905 einen „Karl-May-Bund" ins Leben gerufen hatte. „Winnetou war meine erste Liebe", gestand sie noch kurz vor ihrem Tode. Als sie 1909 wieder einmal Gast in der „Villa Shatterhand" war, fand sie eines Morgens auf dem Tisch des Fremdenzimmers das gerade erschienene *Ardistan und Dschinnistan* und dabei einen Zettel mit Mays Worten: „Merhameh, das bist Du! In der Gestalt habe ich Dich gesehen und erlebt, von dem ersten Tag an, als ich Dich kannte."

* Marie-Luise Fritsch, von Freunden Marlu genannt, geb. am 15. 1. 1890 in Stettin, Tochter des Carl Georg Fritsch, Direktor der „Stettin-Bredower Portland-Cement-Fabrik", und dessen Ehefrau, geb. Most. 1896-1906 Mädchenlyzeum Stettin, einschließlich Selekta (Oberklasse, Begabtenklasse). Ausbildung in England (Folkestone) und Abschlußexamen als Bibliothekarin. Näheres in R. W. Kipp, *Die Lu-Droop-Story*, in Mitteilungen der Karl-May-Gesellschaft Nrn. 37 und 38, 1978.

Lu Fritsch aber sah sich jenem jungen Mann gegenüber, Adolf Droop, der ihr mit seinem gereimten Spontanbekenntnis, das sie von Klara May bekam, Mut machte, als für sie wegen des Rudolf-Lebius-Artikels *Karl May, ein geborener Verbrecher* die Welt einzustürzen drohte:

„Wenn sich aus den Gründen
frech Giftschlangen winden,
um, Hoher, Dich zu umfahn,
wenn hassende Recken
Dich höhnen und spotten,
stolz geh Deine Himmelsbahn!
Treu zu Dir doch stehen,
treu mit Dir doch gehen
die Seelen, die Du Dir errungen,
durch restlose Liebe bezwungen:
Die Seelen von Dschinnistan!“

Diese Begegnung sollte schicksalhaft für beide sein und ihr Leben entscheidend verändern. Hier hatten sich zwei Karl-May-Fanatiker gefunden und sofort rettungslos ineinander verliebt. Karl May, das gemeinsame Idol ihrer Jugend, bildete die Basis ihrer leidenschaftlichen Liebe, an der auch die Tatsache, daß der angehende Studienrat Dr. Droop verheiratet und Lu Fritsch verlobt war, nichts zu ändern vermochte. Die zwei waren sich ihrer Gefühle sicher. Droops Frau willigte in der Folge in die Scheidung der nur noch formal bestehenden Ehe ein. Voraussetzung war für sie, das Sorgerecht für das Kind zu erhalten; Droop stimmte zu. Marie-Luise Fritsch entlobte sich und beschloß, nun ganz nach Berlin zu ziehen.

Zusammen mit ihrem Geliebten widmete sie sich einer großen Aufgabe. Sie setzten alles Menschenmögliche daran, um ihrem verehrten Karl May beizustehen in der Zeit der Anfechtungen und Angriffe von den verschiedensten Seiten in den zermürbenden Jahren vor seinem Tod. Freunde wurden mobilisiert, auch Lus Brüder Konrad und Georg und der Herausgeber der *Stettiner Gerichtszeitung*, Wilhelm Durschnabel. Fehsenfeld legte „ein schönes, freimütiges Bekenntnis“ ab (Dankzeilen von Lu Fritsch an Fehsenfeld vom 2. 5. 1910). Droop verfaßte Zeitungsartikel und ein „Kara-Ben-Nemsi-Manuskript“ (9. 5. 1910). Maximilian Harden, der Herausgeber der politischen Wochenschrift *Die Zukunft*, wurde gewonnen, und der mit Else Lasker-Schüler verheiratete Herwarth Walden druckte in seiner Zeitschrift *Der Sturm* am 12. 5. 1910 einen Pro-May-Artikel. Um den von Lebius als Zeugen gegen May benannten Indianer Brant Sero als „gewöhnlichen Rixdorfer“ zu entlarven, wurde Lu Fritsch zur Detektivin und machte Schlagzeilen als „Mays schöne Spionin“. Sie benahm sich ganz wie eine Figur aus einem der vor Gericht angeprangerten Kolportageromane des jungen May. Wie die beiden Verliebten Lu und Adolf das Spinnennetz der Intrigen um May zerreißen, beweist die nicht nur von ihnen verfaßte Artikelreihe *Die Wahrheit* ab September 1910 in der *Stettiner Gerichtszeitung*. Lu Fritsch, die nun seit ihrem Berlinumzug hauptberuflich in der angesehenen Reklamefirma Glogoswki und Co. für Remington-Erzeugnisse und Parceval-Luftschiffe warb, lieferte während eines Kurzurlaubs nicht nur dieser Zeitung die verschiedensten May-Artikel. Dr. Droop bestand am 14. 11. 1911 seine Lehramtsprüfung und meldete sich für den Auslandsschuldienst. Schon schienen beide ein klar umrissenes Ziel anzusteuern, als alles ganz anders kommt: Noch voller Freude über den Triumph Karl Mays in Wien, erhalten sie die Nachricht von seinem Tod am 30. März 1912. Der Mensch Karl May und sein Werk als Ausdruck seines Wollens sind für Lu Fritsch wie ein Leitstern – zeitweise Ziel, stets aber Quelle der Kraft – ihrer nie versiegenden Zuversicht gewesen. Sie und Adolf Droop entschließen sich jetzt, eine „Karl-May-Vereinigung“ ins Leben zu rufen.

Während der wenigen stillen Stunden der Jahre 1910–12, die nicht vom Lehramtsstudium und von Unterstützungsaktionen für Karl May vereinnahmt waren, hatte Droop die Muße gefunden zu seinem vierten Werk *Merhameh*, einem nie veröffentlichten Gedichtband in zwei Exemplaren, das nur eine einzige Person zum Inhalt hatte: die geliebte und idealisierte Lu Fritsch. Am 7. 10. 1912 wurde sie endlich „Frau Marie-Luise Droop". *Merhameh* war eines der Hochzeitsgeschenke. Um nicht gleich wieder dem Alltagstrott zu verfallen, ging Dr. Droop für ein Jahr (bis Herbst 1913) an die Ohmstedesche Höhere Privat-Knabenschule bei Oldenburg. Aber während der Ferien und der vielen Wochenenden weilten beide in Berlin. So berichtete das erste *Mitteilungsblatt der Karl-May-Vereinigung* (Geschäftsstelle: Berlin-Charlottenburg, Schloßstraße 30/31) von der ersten größeren Versammlung am 25. Februar 1913, einer stilvollen Gedächtnisfeier zu Ehren des Geburtstages von Karl May, zu der auch Frau Klara May gekommen war. Über die „K-M-V" und ihre Ziele sagte der Begründer und Vorstandsvorsitzende Dr. Droop u.a.: „Meine Damen und Herren, wir treiben nicht den Kultus blinder Verehrung. Karl May war ein Mensch wie andere, mit Fehlern und Begrenztheiten wie alles Irdische. Aber er war ein Mensch, der sich aus nachtdunklen Tiefen zu einer Höhe emporgearbeitet hat, vor der wir bewundernd stillstehen. Und auf dieser Höhe kraftvoller Ethik hat er aus Traum und Wahrheit goldklare Gebilde eines Zukunftstages geschaffen, zu dem wir die Pfade, die sein gütiger Finger wies, verbreitern wollen. Wir wollen sein Leben und Streben, über das er selbst und in einem gleichnamigen Werk manchen Aufschluß gegeben hat, in seinen Tiefen erfahren: Wir wollen nicht unsere Augen verschließen vor dem Unvollendet-Menschlichen in ihm, und wir wollen sein Werk über alle Grenzen und Meere kennen und erleben lassen."

Monate später flatterte dem Ehepaar der amtliche Bescheid ins Haus, daß Droop sich aufgrund seiner zwei Jahre alten Meldung zum Auslandsschuldienst darauf einrichten möge, demnächst Leiter der türkischen Offizierschule auf der Prinzeninsel Halki zu werden. Ausschlaggebend dafür

mochte gewesen sein, daß beide Droops zum Vorstand der deutsch-türkischen Vereinigung „Welt des Islam" gehörten, die ehrenamtlich Schüler und Auszubildende aus der Türkei in Deutschland betreute, und daß Lu die junge türkische Halbwaise Sureja Refet Schaschiksadé als Pflegetochter angenommen hatte. Voller Vorfreude auf die Sonne von Halki büffelten nun beide am orientalischen Seminar in Berlin Türkisch und Arabisch. Nicht nur zur Aufbesserung des Wirtschaftsgeldes mimte Lu an so manchem Tag vor Filmkameras, deren Produkte schon 1913 den Theatern zur Konkurrenz wurden. Wie Adolf Droop war auch Lu Droop von der Erfindung des Films fasziniert. Während die Literatin Droop in der Kinematographie alle Möglichkeiten eines „entfesselten Theaters" ahnte, glaubte der Pädagoge Droop im Film ein ideales Unterrichtsmittel zu finden. Als er versuchte, sich der schon 1903 von Heinrich Wolgast ins Leben gerufenen „Schulfilmbewegung" anzuschließen, mußte er feststellen, daß diese – von den herrschenden Lehrmeinungen aller Richtungen angefeindet – nur noch als eine Art Untergrundbewegung weniger Schulmänner existierte. Ihre Mitteilungsblätter waren Aufklärungs- und Kampfschriften. Eines der mutigsten gab der Filmpionier Rektor Hermann Lemke heraus: *Die Lichtbildkunst*.
Ab Sommer 1913 besagte das Impressum:

> „Wissenschaftl. Kinematographie: Dr. phil. Droop,
> Volkskinematographie: Lu Fritsch."

Beiträge von Adolf Droop fanden sich aber auch unter dem Pseudonym „Dr. Julius Kniep" – zusammengesetzt aus Droops zweitem Vornamen und dem Mädchennamen der Mutter.
Kurz darauf zerstörte der erste Weltkrieg Droops Inseltraum Halki, seine Karl-May-Vereinigung und die Bindungen zum Unterrichtsfilm. Als er im September 1915 eingezogen wurde, ging seine Frau als Dramaturgin zur Nor-

disk-Film ins neutrale Dänemark, war am Zustandekommen mehrerer Spielfilme beteiligt und schrieb erfolgreich Drehbücher.
Im September 1918 wurde Dr. Droop aus dem Kriegsdienst entlassen, arbeitete als Studienassessor und Hilfslehrer und wurde am 1. 4. 1919 endlich festangestellter Oberlehrer am Realgymnasium Berlin-Lankwitz. Der endgültige Weg ins bürgerliche Leben schien vollzogen ... Doch bereits zum Jahresende kündigte er alle selbstgesuchten Sicherheiten auf, um eine Filmproduktion zu gründen.
„Am 30. März 1920 erscheinen vor dem Notar im Bezirksamt des Kammergerichts, Justizrat Jaques Wilmersdorffer zu Berlin:

> Der Schriftsteller Dr. Adolf Droop,
> die Schriftstellerin Frau Marie-Luise Droop, geb. Fritsch,
> der Regisseur Ertugrul Mouhssin-Bey,
> der (Film-)Kaufmann Joh. Friedr. Knevels und
> der Verlagsdirektor Dr. Euchar Schmid aus Radebeul,

um – zugleich im Namen von 15 Kommanditisten – mit Wirkung vom 1. 4. 1920 an (auf zunächst 5 Jahre) eine Kommanditgesellschaft mit Firmennamen ‚USTAD-FILM, Dr. Droop & Co.' zu gründen. Die USTAD-FILM beabsichtigt, in jedem Geschäftsjahr fünf Karl-May-Filme zu drehen und im ersten Jahr außerdem noch drei Stoffe nach Vorlagen von Frau Droop zu verfilmen. Sitz der Firma: Berlin, Friedrichstraße 233."
Für das Ehepaar Droop war dieser 30. März wie ein erfüllter Traum. Jetzt, in einer Zeit, wo sich das Kino als Kunstform bewiesen hatte und sich die Auslandskonkurrenz der Vorkriegszeit noch abwartend verhielt, hingegen die Marktlücke deutschen Produzenten guten Gewinn versprach, schien es genau der Zeitpunkt zu sein, auch die Werke Karl Mays als überzeugende Lichtspiele herauszubringen. Nicht umsonst war man lange genug im Metier.

Der Karl-May-Verlag, auch Frau Klara May und namhafte Karl-May-Freunde wie Dir. Alfred Bilz, Prof. Sascha Schneider, der Kunstmaler Carl Lindeberg: sie alle würden dabeisein. Zwei drehreife Manuskripte lagen bereits vor. Man würde die besten Schauspieler engagieren. Als Kara Ben Nemsi hatte Carl de Vogt bereits zugesagt! Alles würde in und um Berlin abgedreht werden: im Scerépy-Atelier um die Ecke und in den märkischen Sanddünen bei Lübars! Und das namhafte „Filmhaus Bruckmann & Co. A. G." versprach im voraus gute Verleiheinnahmen. Dafür dürfte sich der Absprung aus dem Beamtenalltag gelohnt haben!
Mit dem *Fest der schwarzen Tulpe*, Buch und Regie Marie-Luise Droop, Uraufführung: 15. 9. 1920, hatte die USTAD einen glänzenden Start. Bereits im November folgte der erste Karl-May-Film *Auf den Trümmern des Paradieses* nach dem Kapitel „Der Überfall" aus dem Roman *Von Bagdad nach Stambul*. Kurz darauf machte der zweite May-Film *Die Teufelsanbeter* von sich reden (nach den Reiseerzählungen *Durch die Wüste* und *Durchs wilde Kurdistan*). Nicht zur ersten, aber zur unkittbaren Kontroverse zwischen dem Ehepaar Droop, der Regie und dem profitbedachten Filmkaufmann kam es jedoch bei der dritten Produktion *Die Todeskarawane*. Ein vom künstlerischen Gesichtspunkt selbstgebasteltes Manuskript, das den Erzähler Karl May nur noch schemenhaft ahnen ließ, zog man dem Drehbuch von Lu Droop vor, das Fachleute zuvor geprüft hatten und für das auch Dr. Euchar Schmid eingetreten war. Es entsprach wesentlich mehr dem, was Karl May geschrieben und gewollt hätte. Diskussionen, Zeit- und Geldverlust, unerträgliche Arbeitsatmosphäre waren die Folge. Auch wenn diese ersten drei Karl-May-Filme der Welt die Kinokassen klingen ließen und die Drehbücher für die nächsten Vorhaben *Old Shatterhand* (Buch: Dr. A. Droop) und *In der Gewalt der Schatten* (Buch: Marie-Luise Droop) bereits vor-

lagen, existierte die USTAD ab Frühjahr 1921 nur noch auf dem Papier. Die Produktion wurde eingestellt. Die Gründe dafür waren nicht nur filmhistorisch, sondern auch vom Standpunkt der Filmwirtschaft her und von der filmdramaturgischen Seite aus gesehen so interessant, dennoch so weit gefächert, daß sie – belegt durch erhalten gebliebene Unterlagen – einer späteren, ausführlichen Arbeit dienen sollten.
Für Dr. Droop und seine „Merhameh" blieben nicht einmal „Trümmer des Paradieses". Nervlich aufgezehrt, wurde Lu Droop von einer zunehmenden Schwerhörigkeit befallen, die sich bald als unheilbare Otosklerose herausstellte und zur fast völligen Taubheit führte. Dennoch erhielt sie von anderen Produzenten bald neue Aufträge und arbeitete sich in den Jahren 1921–30 und 1933–36 bis zur Elite der deutschen Drehbuchautoren vor. In ihren Filmen spielten u. a. Adele Sandrock, Eduard von Winterstein, Paul Richter und Heinz Rühmann.
Ihr Mann konnte ebensowenig das Filmgeschäft oder seine Leidenschaft für Karl May aufgeben. Adolf Droop verhandelte mit anderen Produzenten, Filmfachleuten und Dr. Schmid über weitere Karl-May-Filmprojekte. Eine seiner Planungen war *Winnetous Schwester* mit Erna Morena in der Titelrolle. Harry Piel war nicht abgeneigt, Karl May in *Am Rio de la Plata* und *In den Kordilleren* im landschaftsadäquaten Andalusien zu mimen. Selbst der Weltreisende Heinz Karl Heiland, der seinen Namen als erster Unterwasserfilmer in die Filmgeschichte brachte und der eine Filmreise nach Ägypten vorhatte, war durchaus von der Idee angetan, dabei – etwa an Ort und Stelle – Mays *Im Lande des Mahdi* als Spielfilm zu gestalten. Aber Droop fand keinen Finanzier – das allseits bekannte Scheitern der USTAD und die ersten Anzeichen der Inflation waren wohl die Hauptgründe dafür. Auch Lu Droop, die zu diesem Zeitpunkt für sich selbst sorgen mußte, wußte ihm

nicht anders als durch Einreichung der Scheidung zu helfen:

> „Ich brachte das höchste Opfer, das ich bringen konnte. Ich gab meinen Mann frei, den ich nie aufgehört habe zu lieben und mit dem ich bis zu seinem Tode innig befreundet blieb – damit er nicht an eine taube Frau gefesselt ist."

Auch wohl aus finanziellen Erwägungen kehrte Dr. Droop am 1. 4. 1923 endgültig in den Schuldienst zurück. Die 1920 als Einlage für die USTAD benötigten 100 000 Mark, die ihm größtenteils von seinem Bruder und von Freunden vorgestreckt worden waren, belasteten ihn noch sechs Jahre später. Die nach der Inflation aufgewerteten Darlehen nebst Zinsen und sicherlich auch die zwei weiteren Ehen während seiner Laufbahn als Studienrat zwangen ihn zu Nebenbeschäftigungen. So schrieb er Zwischentitel für Filme, Zeitungsartikel und Feuilletons und wurde bald zum gefragten Buchübersetzer für Französisch, Englisch, Latein, Italienisch und Spanisch. Doch auch die Verbindung zum Karl-May-Verlag riß nie ganz ab. Als Dr. Schmid ihn eines Tages bat, sich doch gelegentlich über eine Neuauflage seiner „Analyse" Gedanken zu machen, da nur noch ein Bestand von wenigen Exemplaren vorhanden sei, antwortete Droop in seinem Brief vom 21. 1. 1926 so selbstkritisch und typisch, daß dessen Wortlaut für die Beurteilung des vorstehenden Reprints nicht fehlen darf:

> „Lieber Herr Dr. Schmid!
> . . .Es ist mir angenehm zu hören, daß meine ‚Analyse' sich dem Nichts nähert; denn wenn Sie sie nicht ganz dem Scheiterhaufen überliefern wollen, so bedarf sie allerdings dringend einer Wiedergeburt. Wie ich über die denke, kann ich heute nur in großen Zügen angeben. Seit dem Erscheinen des Buches ist mehr als ein halbes Menschenalter verflossen, mithin ist vieles veraltet und muß umgearbeitet werden. Das Kapitel über den ‚Wahrheitsgehalt der Reiseerlebnisse' beruht auf einer falschen Voraussetzung und muß ganz fallen, da alles, was über diesen heiklen und unaufklärbaren Punkt gesagt werden kann, seinerzeit von Ihnen in ‚Ich' zusammengetragen worden ist. Andererseits

müßten die Neuerscheinungen von Band 31 ab hineingearbeitet werden. Ferner sind die kritischen Betrachtungen der Bücher zu verwerten. Da Sie meines Wissens manche Bände stilistisch etwas verändert haben, wodurch die Seitenzahlen ebenfalls verändert worden sind, stimmen meine Angaben bei den Zitaten nicht mehr. Ich schätze, daß der Umfang etwa der gleiche bleiben würde, doch könnte ich die Zitate zum Teil streichen oder kürzen. Allerdings würde ich dies Verfahren aus Gründen der Reklame kaum empfehlen.“
(Briefschluß:) „Es ist sehr nett von Ihnen, daß Sie sich nach meinem Wohlergehen erkundigen. Die Nerven könnten besser sein und werden es sicher werden, wenn der jetzige Zustand der Abhetzung sich mildert. Im übrigen wird mir nachgesagt, daß ich sehr dick geworden wäre, nur am Hinterkopf werde ich immer dünner; aber da will sich die Wahrheit nicht mehr verdunkeln lassen. Immerhin habe ich noch mehr Haare auf dem Kopf als Hadschi Halef Omar im Bart . . . In der Hoffnung, daß Sie weniger zu klagen haben, verbleibe ich

Ihr sehr ergebener

Dr. Droop.“

Am 1. 4. 1938 trat Dr. Droop krankheitsbedingt vorzeitig in den Ruhestand. Doch voller Hoffnung auf Genesung begab er sich zu einer Kur in den Schwarzwald, nach Freiburg, wo er „seine Lu“ wußte, die nie wieder geheiratet hatte. Aber es war zu spät. Am zweiten Weihnachtstag 1938 starb er in den Armen seiner „Merhameh“, die ihn um mehr als zwanzig Jahre überlebte . . .

Rudolf W. Kipp

Quellen:
Tonbandinterview M.-L. Droop/Joachim Schmid
Nachlaß Dr. E. A. Schmid
Breslauer Neueste Nachrichten vom 4. 11. 1920
Breslauer Morgenzeitung vom 5. 11. 1920
Schlesische Zeitung (Breslau) vom 5. 11. 1920
Kölnische Volkszeitung Nr. 843 vom 5. 10. 1909
Film und Brettl, Jahrgang 1920
Kipp: Bilddokumente zur Filmgeschichte, Grünwald 1976
„Die Lichtbildkunst“ Jahrgang 1913/14
Hans-Joachim Trost, Berlin
Pädagogisches Zentrum, Berlin
Eberhard Giseler, Wolfenbüttel
Frau Kinau, Hamburg